New Collection 21

중학교 영어로 다시 읽는 세계명작

# 뤼팽의 모험

JN381364

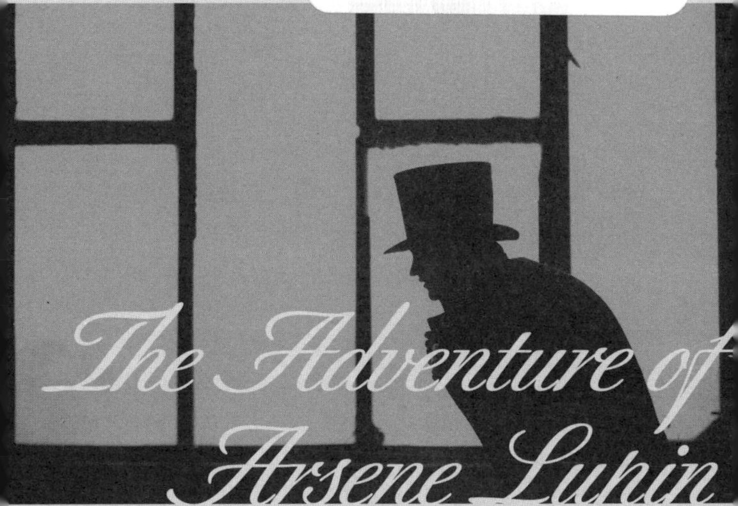
The Adventure of
Arsene Lupin

Maurice Leblanc / Edgar Jepson 원작
넥서스콘텐츠개발팀 엮음

넥서스

**중학교 영어로 다시 읽는 세계명작**
New Collection 21
**뤼팽의 모험**

원　작 Maurice Leblanc / Edgar Jepson
엮은이 넥서스콘텐츠개발팀
펴낸이 안용백
펴낸곳 (주)넥서스

초판 1쇄 인쇄 2012년 10월  5일
초판 1쇄 발행 2012년 10월 10일

출판신고 1992년 4월 3일 제311-2002-2호
121-840 서울시 마포구 서교동 394-2
Tel (02)330-5500 Fax (02)330-5555

ISBN　978-89-6000-933-2　14740
ISBN　978-89-5797-467-4　14740 (세트)

저자와 출판사의 허락없이 내용의 일부를
인용하거나 발췌하는 것을 금합니다.

가격은 뒤표지에 있습니다.
잘못 만들어진 책은 구입처에서 바꾸어 드립니다.

**www.nexusbook.com**

# 머리말

어릴 적 즐겨 읽었던 『이상한 나라의 앨리스』나 『작은 아씨들』을 이제 영어로 만나 보세요. 지난날 우리들을 설레게 했던 명작들을 영어로 읽어봄으로써, 우리말로는 느끼지 못했던 또 다른 재미와 감동을 느낄 수 있습니다. 또한 친숙한 이야기를 영어로 바꿔 읽는 것은 그 어느 학습 자료보다도 효과적입니다. 자신이 알고 있는 이야기를 떠올리며 앞으로 전개될 내용을 상상하며 읽어 나가면, 낯선 내용을 읽을 때만큼 어렵거나 부담스럽지 않기 때문입니다.

『중학교·고등학교 영어로 다시 읽는 세계명작 시리즈 New Collection』은 기존에 나와 있는 명작 시리즈와는 달리, 소설책을 읽듯 추억과 감동에 빠져들 수 있도록 원서의 느낌을 최대한 살렸습니다. 또한, 영한 대역 스타일을 탈피하여 우리말 번역을 권말에 배치함으로써 독자 여러분이 스스로 이야기를 이해하는 연습을 할 수 있도록 하였습니다. 더불어 원어민 성우들이 정확한 발음과 풍부한 감성으로 녹음한 MP3 파일은 눈과 귀로 벅찬 감동을 동시에 경험하며, 최대의 학습 효과를 얻을 수 있도록 제작되었습니다.

'순수하고 가슴 뭉클한 그 무엇'이 절실한 요즘, 주옥같은 세계명작을 다시금 읽으며 잠시나마 마음의 여유를 갖고 영어소설이 주는 감동에 빠져 보세요.

넥서스콘텐츠개발팀

# 이 시리즈의 특징

## 1 읽기 쉬운 영어로 Rewriting

한국인이 가장 좋아하는 세계명작만을 엄선하여, 원문을 최대한 살리면서 중고등학교 수준의 쉬운 영어로 각색하였다. 『중학교 영어로 다시 읽는 세계명작 시리즈 New Collection』은 1,000단어, 『고등학교 영어로 다시 읽는 세계명작 시리즈 New Collection』은 2,000단어 수준으로 각색하고, 어려운 어휘는 별도로 설명하여 사전 없이도 읽을 수 있다.

## 2 학습 효과를 배가시키는 Summary

각 STORY 및 SCENE이 시작될 때마다 우리말 요약을 제시하여 내용을 추측하면서 읽을 수 있기 때문에, 원서의 부담을 덜면서 더 큰 학습 효과를 얻을 수 있다.

## 3 학습용 MP3 파일

전문 원어민 성우들의 실감나는 연기가 담긴 MP3 파일을 들으면서, 읽기와 함께 듣기 및 말하기까지 연습할 수 있다.

## 4 독자를 고려한 최적의 디자인

한 손에 쏙 들어오는 판형, 읽기 편한 서체와 크기 등 독자가 언제 어디서나 오랜 시간 즐겁게 읽을 수 있도록 최상의 편집 체제와 세련된 디자인으로 가독성을 높였다.

# 추 천  리 딩  가 이 드

*step 1* **청해** 들으면서 의미 추측하기
책을 읽기에 앞서 MP3 파일을 들으며 이야기의 내용을 추측해 본다.

*step 2* **속독** 빨리 읽으면서 의미 추측하기
STORY 및 SCENE의 영문 제목과 우리말 요약을 읽은 다음, 본문을 읽으면서 혼자 힘으로 뜻을 파악해 본다. 모르는 단어나 문장이 나와도 멈추지 말고 전체적인 흐름을 파악하는 데 주력한다.

*step 3* **정독** 정확히 읽으면서 의미 파악하기
어구 풀이와 권말 번역을 참고하면서 정확한 의미를 파악한다.

*step 4* **낭독** 소리 내어 읽으면서 소리와 친해지기
단어와 단어가 연결될 때 나타나는 발음 현상과 속도 등에 유의하면서 큰 소리로 또박또박 읽어 본다.

*step 5* **섀도잉** 따라 말하면서 회화 연습하기
MP3 파일을 들으며 원어민의 말을 한 박자 늦게 돌림노래 부르듯 따라 말하면서, 속도감과 발음 등 회화에 효과적인 훈련을 한다.

# 이 시리즈의 구성

### 우리말 Summary

이야기를 읽기 전에 내용을 짐작해 봄으로써, 편안한 마음으로 읽을 수 있도록 우리말 요약문을 제시하였다. 이를 힌트 삼아 보다 효과적인 내용 이해가 가능할 것이다.

> #### The Tortoise and the Ducks
>
> 세상을 구경하고 싶어 하던 거북은 어느 날 오리들의 도움으로 하늘을 날게 된다.
>
> The Tortoise's shell is his house. He has to carry it on his back all the time, so he can never leave home. This was a punishment from Zeus for being lazy, because he refused to go to Zeus's wedding.
> The Tortoise became very sad when

### 영문

부담스러워 보이지 않고 편안하게 술술 읽히도록 서체와 크기, 간격 등을 최적의 체제로 편집하였다.

### 어구 풀이

이야기를 이해하는 데 도움이 되도록 어려운 어구를 순서대로 정리하였다. 이야기에 사용되는 의미를 우선순위로 하였으나, 2차적 의미가 중요하거나 불규칙 활용을 하는 경우도 함께 다뤄주어, 보다 풍부한 어구 학습이 되도록 배려하였다.

> he saw other animals move about freely and swiftly. He wanted to see the world like they did, but the house on his back and his short legs made it impossible.
> One day the Tortoise told two ducks his sad story.
> "We can help you to see the world," said the Ducks. "Bite down hard on this stick with your mouth, and we will fly you high up in the sky so that you can see the world. No matter what happens, do not speak. Or you'll regret it very badly."
> The Tortoise was very pleased. He bit down on the stick as hard as he could, and the Ducks took hold of
>
> tortoise 거북  shell 껍질, 껍데기  back 등  punishment 벌, 처벌  lazy 게으른  refuse 거절하다, 거부하다  move about 돌아다니다  swiftly 빠르게  bite 이빨로 물다  no matter what ~무엇이 ~일지라도  happen 일어나다, 일어나다  regret 후회하다  badly 몹시, 심하게  pleased 기쁜  take hold of ~ ~을 꽉잡다, 잡다, 쥐다

**우리말 번역**

문장 구성과 어구의 쓰임을 효율적으로 학습할 수 있도록 직역을 기본으로 하여 번역하였다. 가능하면 번역에 의존하지 말고 영문과 어구만으로 이야기를 이해하도록 하며, 번역은 참고만 하도록 한다.

**페이지 표시**

영문을 읽다가 해결되지 않는 부분이 있을 때 그에 대응하는 번역 부분을 손쉽게 찾을 수 있도록 해당 영문 페이지의 번호를 표시해 놓았다.

**MP3 파일**
**www.nexusbook.com에서 다운로드**

전문 원어민 성우들의 생생한 연기를 귀로 들으며, 바로 옆에서 누군가가 동화책을 읽어주는 것처럼 더욱 흥미롭고 효과적으로 학습할 수 있다.

# 저자 소개

모리스 르블랑(Maurice Leblanc, 1864-1941)은 프랑스 루앙에서 태어났다. 그는 비교적 유복한 어린 시절을 보냈는데, 법과 대학 진학을 포기하고 파리에 정착하여 중·단편 범죄소설을 쓰기 시작하면서 작가의 길에 나섰다. 하지만 그의 초기 소설들은 평단으로부터는 좋은 반응을 얻었지만 상업적으로 성공을 거두지는 못했다.

이후 추리소설을 쓰기 시작한 모리스는 1905년에 마침내 지능형 도둑 아르센 뤼팽을 세상에 선보이며 매력적인 도둑 캐릭터를 대중들에게 각인시켰다. 이후 「괴도 신사 아르센 뤼팽(1906)」, 「아르센 뤼팽 대 셜록 홈즈(1908)」, 「속이 빈 바늘(1909)」, 「수정(1912)」, 「아르센 뤼팽의 고백(1914)」, 「아르센 뤼팽의 세 가지 범죄(1917)」, 「황금의 삼각(1918)」, 「무서운 사건(1924)」, 「녹색 눈의 아가씨(1927)」 등을 발표했다.

뤼팽 시리즈의 인기에 힘입어 1912년에 모리스는 프랑스 최고의 훈장인 레지옹 도뇌르 훈장을 받았다. 그는 뤼팽으로 부와 명성을 거머쥐었으나 작품에 대한 강박관념으로 인한 정신적인 고통을 호소하기도 했으며, 1941년에 사망했다.

한편 공저자인 에드거 젭슨(Edgar Jepson, 1863-1938)은 영국 태생의 대중소설 작가로 약 73권의 소설을 썼다. 모리스 르블랑이 쓴 「아르센 뤼팽」이란 희곡을 바탕으로 「뤼팽의 모험」을 완성하는 데 공동으로 참여했다.

# 작품 소개

영국에 명탐정 셜록 홈즈가 있다면 프랑스에는 괴도 뤼팽이 있다. 뤼팽은 매력적인 도둑이다. 그는 의학·법학 학위 소지자에다 교수, 형사, 배우 등의 직업을 가진 적도 있고 진귀한 소장품들만 노린다는 점에서 지성과 교양과 심미안을 갖춘 도둑으로 평가받는다. 뤼팽은 신출귀몰한 솜씨로 경찰들을 농락하고 욕심쟁이 부자들을 골라 그들의 보물을 빼앗지만, 가끔은 일부러 순순히 경찰에 잡히기도 한다. 물론 그러고 난 후에는 귀신 같은 솜씨로 경찰을 따돌리기는 한다.

이 작품에서 뤼팽은 샤르메라스 공작으로 위장하고 백만장자인 구르네 마르탱과 그의 딸에게 접근한다. 자신을 믿고 따르는 하인들의 도움을 받아 뤼팽은 구르네 마르탱이 소장한 람발공 부인의 유명한 보관을 훔치려고 하고, 이를 미리 공개적으로 알리는 대담함을 보이기도 한다. 하지만 마지막 순간, 그의 호적수인 게르샤르 경감에게 신분이 들통 나 위기에 몰리지만, 뤼팽은 극적으로 보관을 훔치고 사랑하는 여인인 소냐와 유유히 게르샤르 경감의 손아귀를 벗어난다.

이 작품은 「아르센 뤼팽」이라는 원작 희곡을 각색한 것으로 에드거 젭슨의 이름으로 발표되었다. 뤼팽의 창조자인 모리스 르블랑, 영국의 대중소설 작가인 에드거 젭슨, 벨기에 극작가 프랜시스 드 쿠루아세의 합작품으로 간주되는 만큼 이전 뤼팽 시리즈와는 또 다른 매력을 느낄 수 있다.

# Contents

| | | |
|---|---|---|
| Chapter 01 | The Millionaire's Daughter<br>백만장자의 딸 | 12 |
| Chapter 02 | The Coming of the Charolais<br>샤롤레 부자의 등장 | 22 |
| Chapter 03 | Lupin's Way<br>뤼팽의 방식 | 31 |
| Chapter 04 | The Duke Intervenes<br>공작, 개입하다 | 43 |
| Chapter 05 | A Letter from Lupin<br>뤼팽에게 온 편지 | 53 |
| Chapter 06 | Again the Charolais<br>샤롤레 부자, 다시 오다 | 62 |
| Chapter 07 | The Theft of the Motorcars<br>차량 절도 | 70 |
| Chapter 08 | The Duke Arrives<br>공작, 도착하다 | 79 |
| Chapter 09 | Detective Formery Opens the Inquiry<br>포르메리 형사부장, 수사를 개시하다 | 89 |
| Chapter 10 | Guerchard Assists<br>게르샤르 경감, 돕다 | 103 |
| Chapter 11 | The Family Arrives<br>구르네 마르탱 가 사람들, 도착하다 | 117 |
| Chapter 12 | The Theft of the Pendant<br>펜던트 도난 | 126 |

| Chapter 13 | Lupin Wires<br>뤼팽, 전보를 치다 | 139 |
|---|---|---|
| Chapter 14 | Guerchard Picks Up the True Scent<br>게르샤르 경감, 진짜 냄새를 맡다 | 147 |
| Chapter 15 | The Examination of Sonia<br>소냐에 대한 심문 | 155 |
| Chapter 16 | Mrs. Victoire's Mistake<br>빅투아르 부인의 실수 | 163 |
| Chapter 17 | Sonia's Escape<br>소냐의 탈출 | 172 |
| Chapter 18 | The Duke Stays<br>공작, 머물다 | 184 |
| Chapter 19 | The Duke Goes<br>공작, 사라지다 | 197 |
| Chapter 20 | Lupin Comes Home<br>뤼팽, 집으로 오다 | 210 |
| Chapter 21 | The Cutting of the Telephone Wires<br>전화선 절단 | 217 |
| Chapter 22 | The Bargain<br>거래 | 227 |
| Chapter 23 | The End of the Duel<br>결투의 결말 | 235 |

# The Millionaire's Daughter

백만장자인 구르네 마르탱의 저택에서는
그의 딸인 제르맹과 샤르메라스 공작의 결혼 준비가 한창이다.
제르맹은 소냐를 하녀처럼 부리며 청첩장을 쓰라고 하고
제르맹의 친구들은 그녀의 결혼을 부러워한다.

The September sunlight flooded\* the rooms of the Dukes\* of Charmerace. The light fell on the many ancient\* and beautiful things in the room. But of all the beautiful things in the room, the face of a girl was the most beautiful. She was writing. She was a delicate\* and pale\*

beauty.* Yet she seemed melancholy.* She was writing wedding cards.*

On the wedding cards was written:

"Mr. Gournay-Martin would like to inform*

you of the marriage of his daughter

Germaine to the Duke of Charmerace."

Outside were some girls playing tennis. When they became too loud, and the girl heard them playing, she looked out the window, sadly.

"Sonia!" a voice called to her.

"Yes. Miss Germaine?" answered the writing girl.

"Whatever* are you doing, Sonia? Are you writing letters?" the voice cried again, and Germaine Gournay-Martin came into the room.

---

**flood** (빛이) 가득 차다  **duke** 공작  **ancient** 고대의, 오래된  **delicate** 우아한, 섬세한  **pale** 창백한, 파리한  **beauty** 미인  **melancholy** 우울한, 감성에 젖은  **wedding card** 결혼 청첩장  **inform** 알리다, 통보하다  **whatever** 도대체 무엇을(what의 강조형)

Germaine carried her tennis racquet in her hand. She was a pretty girl in a strong way. Her beauty was the opposite* of Sonia's. The two friends with whom Germaine had been playing tennis followed her into the hall. Jeanne Gautier was tall, dark and unfriendly.* Marie Bullier was short and average-looking.*

"Are these all wedding cards?" asked Marie.

"Yes, but they're not finished yet," said Germaine, looking at Sonia.

"Wow! Look at all these rich and important people you are inviting!" said Marie with envy.*

"You'll know very few people at your wedding," said Jeanne.

"I have met all of these people," said Germaine. "I met them in Paris. Paris is where I will live."

"You will think you are too noble to be

our friend after you become Duchess* of Charmerace," said Jeanne. "How is the Duke?"

"Actually,* he has changed a lot in the last seven years," said Germaine. "Seven years ago he took nothing seriously.* One time he traveled to the South Pole* just because he could."

"And today?" asked Jeanne.

"Oh, today he's a regular* gentleman," said Germaine. "He's boring."

"He's still fun," said Sonia suddenly.

"Oh, he's fun when he's teasing* people. But except for* that, he's boring."

"Your father must be delighted with* the change," said Jeanne.

"Naturally* he's delighted."

---

**opposite** 정반대의  **unfriendly** 정겹지 않은, 비우호적인  **average-looking** 평범하게 생긴  **with envy** 질투하여, 부러워하여  **duchess** 공작부인  **actually** 사실은, 실제로  **seriously** 진지하게, 진정으로  **the South Pole** 남극  **regular** 통상의, 보통의  **tease** 괴롭히다, 끓리다  **except for** ~을 제외하면  **be delighted with** ~을 기뻐하다  **naturally** 물론, 당연하게

Alfred came in with the tea tray.*
Germaine was walking up and down the room. Suddenly, she stopped and pointed to a silver statue.*

"What's this?" she said. "Why is this statue here?"

"When we came in, it was on the cabinet,* in its usual* place," said Sonia, astonished.*

"It's very odd,*" said Germaine.

All of them stared at* the statue. Then Alfred put it back in its usual place on one of the cabinets and went out of the room. Sonia poured out* the tea while they chatted* about the coming marriage. That reminded* Germaine to ask Sonia if anyone had telephoned from her father's house in Paris. Sonia said that no one had.

"That's very annoying,*" said Germaine. "It shows that nobody has sent me a present today."

"It's Sunday," said Sonia gently. "The shops don't deliver* things on Sunday."

"Isn't your beautiful Duke coming to have tea with us?" said Jeanne a little anxiously.*

"Oh, yes," said Germaine. "I'm expecting him at half past four. He had to go for a ride with the two Du Buits. They're coming to drink tea here, too."

"He can't be," said Marie. "My brother went to the Du Buits' house after lunch. They went for a drive this morning and won't be back till late tonight."

"Why would the Duke lie*?" said Germaine, confused.*

"If I were you, I would ask him lots of questions," said Jeanne. "You know how

---

**tray** 쟁반  **statue** 조각상  **cabinet** 장식장  **usual** 보통의, 평상시의  **astonished** (깜짝) 놀란  **odd** 이상한, 기묘한  **stare at** ~을 응시하다, 빤히 보다  **pour out** 따르다, 붓다  **chat** 담소하다, 잡담하다  **remind** 생각나게 하다, 상기시키다  **annoying** 성가신, 약 올리는  **deliver** 배달하다, 전하다  **anxiously** 걱정스럽게  **lie** 거짓말하다  **confused** 혼란스러운, 당황한

Dukes are."

"Thank you, but I trust Jacques," she said angrily.

There was a little silence.

"Did you hear about Madame de Relzieres's son?" asked Marie. "He is fighting a duel* today."

"With whom?" asked Sonia.

"No one knows," said Marie.

"He's an excellent* swordsman,*" said Germaine. "No one could beat* him."

Something was bothering* Sonia. She had a bad feeling and tried to figure out* why.

"Wasn't de Relzieres a great friend of your fiancé at one time?" asked Jeanne.

"Yes, I met Jacques because of de Relzieres," said Germaine.

"Where was that?" said Marie.

"Here...in this mansion,*" said Germaine.

"Actually in his own house?" said Marie, surprised.

"Jacques fell in love with me," said Germaine. "Papa decided to buy the mansion, and I demanded* to marry Jacques."

"You did?" said Marie. "But you were only sixteen then."

"Yes. Papa considered* me much too young to get married. I promised Jacques to wait for his return."

"How romantic*!" cried Marie.

"I've had terrible* luck," said Germaine. "The Duke was sick, and when he was healthy again, he went back to the South Pole! We didn't hear from him for six months. I thought he was dead!"

"Dead?" said Sonia. "Oh, how unhappy

---

fight a duel 결투를 하다  excellent 아주 훌륭한, 뛰어난  swordsman 검객, 검술가  beat 패배시키다, 이기다  bother 괴롭히다, 귀찮게 하다  figure out 이해하다  mansion 대저택, 저택  demand 요구하다, 요청하다  consider ~이라고 생각하다  romantic 낭만적인  terrible 지독한, 끔찍한

you must have been!"

"Fortunately, one fine day, the letters began again," said Germaine. "Three months ago, a telegram* informed us that he was coming back. And at last the Duke returned."

"Don't lie," said Jeanne. "It wasn't about love. It was because he's a Duke that you waited for him."

"Ah, yes," said Marie, smiling. "You were almost engaged to* another man."

"And he was only a baron,*" said Jeanne, laughing.

"What?" said Sonia. "Is that true?"

"Didn't you know, Miss Kritchnoff?" said Jeanne "She almost became engaged to the Duke's cousin, the Baron de Relzieres."

"You can laugh at me, but if the Duke had died, de Relzieres would have become the Duke, and I would have been the

Duchess," said Germaine triumphantly.*

"Well, dear, I must go," said Jeanne. "You're still going to Paris tomorrow?"

"Yes, tomorrow morning," said Germaine. Jeanne and Marie said goodbye and left.

"They seemed okay," said Sonia.

"Okay?" said Germaine. "They envy* me! They should envy me!"

---

telegram 전보, 전신  be engaged to ~와 약혼하다  baron 남작
triumphantly 의기양양하게  envy 부러워하다

## Chapter 02

# The Coming of the Charolais

샤롤레 부자가 구르네 마르탱의 저택을 방문하여
백만장자가 팔려고 내놓은 자동차를 보러 왔다고 말한다.
제르맹이 아버지가 아직 출타 중이라고 하자
샤롤레 부자는 나중에 다시 오겠다고 말하고 돌아간다.

Sonia went back to her table and once more began writing wedding cards. Germaine nervously* walked around the room and kept asking Sonia's opinion* about everything. Sonia did not become annoyed and answered every question patiently.*

The door opened, and Alfred stood, waiting.

"Two gentlemen have called to see you, Miss," he said.

"Ah, the two Du Buits," said Germaine.

"They didn't give their names, Miss," he said.

"Is it two men?" asked Germaine. "Is one younger than the other?"

"Yes, Miss," he said.

"I thought so," said Germaine. "Show them in."

"Yes, Miss," he said.

"Are you going to Paris soon?" asked Germaine.

"Yes, Miss," said Alfred. "We're all going by the seven o'clock train."

"All right then," said Germaine. "Let them in."

---

**nervously** 신경질적으로, 초조하게  **opinion** 의견, 견해  **patiently** 끈기 있게, 참을성 있게

She moved to a chair near the window and tried to look graceful. As she leaned* her head at a charming* angle* back against the tall back of the chair, she saw something.

"Why, what's this?" she cried, pointing to it.

"What's what?" said Sonia, still writing.

"Why, the window," said Germaine. "Look! One of the pieces has been taken out! Someone cut it!"

"So it has," said Sonia. And the two girls stared at the window.

"Didn't you notice* it before?" said Germaine.

"No," said Sonia. "The broken glass must have fallen outside."

The door opened and two men entered. One was a short, fat man of about fifty-five. The other was a tall young man. It was clear that they were father and son.

Germaine rose, looking surprised. These were not her friends, the Du Buits.

"I'm Mr. Charolais," said the older man. "I own land at Rennes. Let me introduce my son."

The young man bowed awkwardly.*

"Shall I order tea for them?" whispered* Sonia.

"No!" whispered Germaine. "And why have you visited today?" she asked loud.

"We asked to see your father," said Mr. Charolais. "The footman* told us that Mr. Gournay-Martin was out, but that his daughter was at home." He sat down, and his son followed.

"Excuse me, why do you want to talk to my father?" asked Germaine.

"Well, we read your advertisement*

---

lean 기대다, 기대서다  charming 매력 있는, 매력적인  angle 각도, 각
notice 알아채다, 인지하다  awkwardly 어색하게, 서투르게  whisper
속삭이다, 귀엣말을 하다  footman 하인  advertisement 광고

that said you were selling your sixty-horsepower* car," said Mr. Charolais. "My son wants to buy your car."

"We've got a sixty-horsepower car, but it's not for sale,*" said Germaine. "My father is using it today."

"Perhaps it's the car we saw outside," said Mr. Charolais.

"No, that's a thirty- to forty-horsepower that belongs to me," said Germaine. "But we have a hundred-horsepower car, which my father wants to sell. Sonia, can you find the photograph?"

The two girls went to a table and began looking for the photograph. As soon as they turned their backs, the young man grabbed* the silver statue from the cabinet and put it in his pocket. Although the older man was watching the girls, he also was watching his son.

"Drop it, you idiot*!" he told his son.

"Put it back*!"

The young man quickly put the statue back on the cabinet. Finally, the ladies found the photograph and gave it to the men.

"Ah, this is it," said the old man. "What is the lowest price you can give me?"

"I don't know," said Germaine. "You must see my father. He will be back from Rennes soon."

"Very good," said the old man. "We will go now and come back later. I'm sorry to bother you."

"Not at all," mumbled* Germaine politely.*

"Goodbye," said Mr. Charolais, and he and his son went to the door and left.

"Why are you wasting time?" Germaine

---

**horsepower** 마력　**for sale** 판매용의, 팔려고 내놓은　**grab** 낚아채다, 부여잡다　**idiot** 얼간이, 바보　**put back** 도로 놓다, 제자리에 놓다　**mumble** 중얼거리다, 작은 목소리로 말하다　**politely** 공손하게, 예의 바르게

said sharply* to Sonia. "Just finish writing those letters."

Sonia went back to the writing table. After three years of being her companion,* she was used to Germaine's rudeness.*

"Jacques is late," said Germaine.

She went to the window and stared at the road. It was empty.

"Perhaps the Duke went to see his cousin, de Relzieres," said Sonia. "Yet, I always thought they hated each other."

"You've seen that?" said Germaine. "I saw them arguing* on Thursday."

"Arguing?" said Sonia, feeling uncomfortable.* "But they finally said sorry?"

"No, I don't think so," said Germaine.

"Oh, no!" said Sonia.

"What?" said Germaine.

"He's dueling his cousin!" cried Sonia.

"Of course!" said Germaine.

"It's horrible!" gasped* Sonia.

"It's about me that the Duke's fighting!" said Germaine proudly.*

Sonia's face was a dead* white. She did not want to imagine something terrible happening to the Duke. Germaine happily danced around the room. It seemed so romantic!

"He's fighting an excellent swordsman," Sonia mumbled. "How can he win?"

Germaine did not hear her. Sonia went to the window and watched the road, wishing and hoping to see the Duke.

"Miss Germaine!" she cried suddenly. "Look!"

"What is it?" said Germaine, coming to her side.*

"A horseman!" said Sonia, pointing at

---

sharply 날카롭게, 앙칼지게  companion 친구, 벗  rudeness 버릇없음, 무례함  argue 언쟁하다, 말다툼하다  uncomfortable 기분이 언짢은  gasp 헐떡이다, 숨을 몰아쉬다  proudly 자랑스럽게  dead 완전히, 몹시  side 쪽, 옆

the road. "Look! There!"

"Yes!" said Germaine.

"It's he!" cried Sonia. "It's the Duke!"

# Chapter 03

# *Lupin's Way*

샤르메라스 공작이 저택으로 돌아온다.
제르맹과 소냐는 공작이 무사한 것을 보고 기뻐한다.
한편 제르맹은 공작에게 뤼팽이라는 도둑이
자기 아버지에게 보낸 협박 편지를 보여 준다.

Sonia suddenly sat down to stop herself from* crying. She was so happy. She did not look at him as he entered the room. He asked for tea and then took Germaine's hand and kissed it. He did not look like he

---

**stop A from -ing** A가 ~하는 것을 막다

had just fought a duel. He looked so calm! He sat down, and Sonia handed him a cup of tea. Her hands were shaking!

"You've been fighting a duel?" asked Germaine.

"What!" said the Duke, surprised. "You've heard already?"

"I've heard," said Germaine. "Why did you fight it?"

"You're not wounded,* Your Grace*?" said Sonia anxiously.

"No," said the Duke, smiling at her.

"Why don't you finish those wedding cards, Sonia?" said Germaine sharply.

Sonia went back to the writing table.

"Did you fight for me?" asked Germaine.

"Would that make you happy?" said the Duke. "I was in a bad mood,* and de Relzieres said something that annoyed* me."

"If it wasn't about me, it wasn't worth*

fighting," said Germaine. "And de Relzieres? Is he wounded?"

"Poor dear de Relzieres!" said the Duke as he laughed. "He won't be out of bed for the next six months."

"Oh, my!" cried Germaine.

Sonia couldn't write the wedding cards quickly. Germaine was sitting with her back to her, and she could watch the Duke's face. Sometimes his eyes met hers. When that happened, she looked away.*

"It's been three days since I gave you anything," he said to Germaine. He handed her a pearl* pendant.*

"Oh, how nice!" she cried, taking it.

She put it on, and admired* herself in the mirror.* Actually, it didn't look very good on her. Sonia saw this, and so did the

---

wounded 부상한, 다친   Your Grace 각하, 대공(경칭)   be in a bad mood 기분이 언짢다   annoy 화나게 하다, 짜증나게 하다   worth ~할 가치가 있는   look away 시선을 피하다   pearl 진주   pendant 펜던트   admire 탄복하다, 감탄하다   mirror 거울

Duke. He looked at Sonia's white neck. She met his eyes and blushed.* The pearls would have looked better there.

"Goodness!" cried the Duke. "Are all those invitations to the wedding?"

"Won't it be a splendid* marriage?" said Germaine.

"Will you be an angel and play something for me on the piano?" he said to Sonia. "I heard you playing yesterday."

"Excuse me, Jacques, but Miss Kritchnoff has her work to do," said Germaine.

"Please!" said the Duke with a smile. "Just five minutes."

"All right," said Germaine, "but I have something important to talk to you about."

"I do too!" said the Duke. "In this photograph, you and Sonia look like flowers."

"You don't care about me," she said

stormily.*

"But I find you adorable,*" said the Duke.

"You keep annoying me," said Germaine. "I shall soon dislike you."

"Wait till we're married for that, my dear girl," said the Duke.

"Can't you be serious* about anything?" she grumbled.*

"I am the most serious man in Europe," said the Duke.

Germaine went to the window and stared out of it.

The Duke walked up and down the hall, looking at the pictures of some of his ancestors.* Sonia was trying to address* wedding cards, but she kept watching the Duke.

"Why did you leave pictures of my

---

blush 얼굴을 붉히다   splendid 성대한, 훌륭한   stormily 노발대발하여, 사납게 날뛰며   adorable 사랑스러운, 귀여운   serious 진지한, 엄숙한
grumble 투덜거리다   ancestor 선조, 조상   address 주소와 성명을 쓰다

ancestors, but you took my portrait* down?" he asked carelessly.*

Germaine turned sharply from the window. Sonia stopped in the middle of* addressing an envelope,* and both girls stared at him in astonishment.*

"There was a portrait of me over there," said the Duke. "What have you done with it?"

"You're making fun of* us again," said Germaine.

"Surely Your Grace knows what happened," said Sonia. "We wrote you letters about it while you were gone."

"I didn't get any letters while I was in the South Pole," he answered.

"But all Paris was talking of it," said Germaine. "Your portrait was stolen."

"Stolen?" said the Duke. "Who stole it?"

"I'll show you," she said.

She pulled the curtains away from the

wall. On the wall, written in chalk, was: ARSENE LUPIN.

"What do you think of that signature*?" asked Germaine.

"Arsene Lupin?" said the Duke, astonished.

"He left his signature," said Sonia. "It seems that he always does so."

"But who is he?" asked the Duke.

"Surely you know who Arsene Lupin is?" said Germaine impatiently.

"I don't know," said the Duke.

"Oh, come!" said Germaine. "Everybody knows! He is the greatest thief in France! He has been stealing for ten years. Not even the great English detective,* Sherlock Holmes, could catch him!"

"What's he like?" asked the Duke.

---

**portrait** 초상화 **carelessly** 태평스럽게, 경솔하게 **in the middle of** ~의 도중에, ~의 한복판에 **envelope** 봉투 **in astonishment** 깜짝 놀라서 **make fun of** ~을 놀리다, 조소하다 **signature** 서명 **detective** 탐정

"Nobody knows," replied Germaine. "He has a thousand disguises.*"

"He often steals from rich men who have stolen from the poor," said Sonia enthusiastically.*

"He sounds like a good man," said the Duke.

"A good man?" said Germaine. "He stole from Papa! He didn't only steal your portrait. All of Papa's collections* were taken."

"This is very interesting," said the Duke. "I suppose* he had help from someone in the house."

"Yes, one person helped him," said Germaine.

"Who was that?" asked the Duke.

"Papa!" said Germaine.

"Huh?" said the Duke. "What do you mean?"

"One morning Papa received a letter,"

said Germaine. "Sonia, get me the Lupin papers."

Sonia went to another desk and removed* a pile* of papers from one of the drawers.

"This is the envelope," she said. "It's addressed to Papa."

The Duke opened the envelope and took out a letter.

"It's odd handwriting,*" he said.

"Read it carefully," said Germaine.

The letter read:

Dear Sir,

We have never been introduced, so I apologize* for writing to you. However, I have good reasons. I have included* a list of very beautiful paintings in your house that I

---

disguise 변장, 위장; 변장하다  enthusiastically 열광적으로  collection 수집물, 소장품  suppose 생각하다, 추측하다  remove 제거하다, 없애다  pile 더미, 덩어리  handwriting 육필, 필적  apologize 사과하다, 사죄하다  include ~을 포함하다

find.

I beg* you, my dear sir, to have these different objects* packed up,* and to send them by paid carriage* to the Batignolles Station. If you do not, I shall take them myself on the night of Thursday, August 7th.

I am sorry for the trouble.

Yours very sincerely,*
*ARSENE LUPIN*

P.S.*–I just realized* that some of the pictures have no glass covering them. I know that sometimes you can't see the picture as well through glass, but I want them all to be covered in glass to protect* the image. Please cover them all before you send them to me.–A. L.

"Really, this is very funny," said the Duke. "It must have made your father laugh."

"Laugh?" said Germaine. "No, he was

very serious."

"Did he send the pictures?" asked the Duke.

"No, but he was going crazy," said Germaine. "Because the police never stopped Lupin, Papa asked his friend, a colonel* in the military,* to help. He told us that he would send a sergeant* and six soldiers. We picked them up during the day on the 7th and they were supposed to stay the night. But in the morning, everything was stolen! Even the men were gone!"

"That's incredible*!" cried the Duke. "Did he murder* the soldiers?"

"There wasn't any sergeant, and there weren't any soldiers," said Germaine. "The sergeant was Lupin, and the soldiers were

---

**beg** 부탁하다, 사정하다 **object** 물체 **pack up** 꾸리다, 포장하다 **carriage** 사륜마차 **sincerely** 마음으로부터 **P.S.** 추신(postscript의 약어) **realize** 깨닫다 **protect** 보호하다 **colonel** 대령 **military** 군대 **sergeant** 하사관 **incredible** 놀라운, 믿기지 않는 **murder** 죽이다

part of his gang.*"

"I don't understand," said the Duke. "The colonel promised your father a sergeant and six men. Didn't they come?"

"They came to the railway station," said Germaine. "But you know the little hotel halfway* between the railway station and the mansion? They stopped to drink there. Someone had drugged* their drinks. In the morning, the owner* of the hotel found them all sleeping in the woods."

"He must be very clever," said the Duke.

"He is," said Germaine. "And do you know, I wouldn't be surprised if he's around now."

"What do you mean?" said the Duke.

"I'm not joking," said Germaine. "Odd things are happening. Someone in the house has been moving things and even taking some!"

Chapter 04

# The Duke Intervenes*

샤롤레 부자가 다시 찾아와 자동차 값을 흥정하려고 한다.
공작은 제르맹이 소냐를 함부로 대하는 것을 본 후
소냐에게 연민을 느끼고 다정하게 대해 준다.

The Duke rose and came to the window. He then looked at the broken pane.*

"This looks serious," he said. "It has been cut out. We must warn your father to guard* his treasures.*"

---

**gang** 패거리  **halfway** 중도에  **drug** 약을 타다  **owner** 주인  **intervene** 간섭하다, 개입하다  **pane** 창유리  **guard** 지키다  **treasure** 보물, 귀중품

"I told you so," said Germaine. "I said that Arsene Lupin was around."

"Arsene Lupin is a very capable* man," said the Duke, smiling. "But there's no reason to suppose that he's the only burglar* in France."

"I'm sure that he's around," said Germaine stubbornly.* "I have a feeling that he is."

The Duke shrugged his shoulders.* He came back into the hall, and as he did, he saw the gardener* standing in the doorway.*

"There are visitors to see you, Miss Germaine," he said.

"What!" said Germaine. "Are you answering the door, Firmin?"

"Yes, Miss Germaine," said the gardener. "All of the other servants went to Paris already. Do you want to see them?"

"Who are they?" asked Germaine.

"Two gentlemen who say they have an appointment,*" said the gardener.

"What are their names?" asked Germaine.

"I don't know their names," said the gardener.

"Very well," she said. "Let them in. It can't be the Charolais. It's too early for them to return.

"The Charolais?" asked the Duke. "Who are they?"

"A little while ago two gentlemen came to the door," replied Germaine. "I thought they were George and Andre du Buit, for they promised to come to tea. I told Alfred to let them in, and to my surprise* there appeared two horrible... Oh!"

She stopped suddenly, for there were the two Charolais, father and son.

---

**capable** 유능한  **burglar** 강도, 도둑  **stubbornly** 완고하게, 고집스럽게
**shrug one's shoulders** 어깨를 으쓱하다  **gardener** 원예사, 정원사
**doorway** 문간, 현관  **appointment** 약속, 예약  **to one's surprise** ~가 놀랍게도

"Once more I greet you, Miss," he said.

His son bowed, and revealed* behind him another young man.

"My second son," said Mr. Charolais. "He has a chemist's shop.*"

"I'm very sorry, gentlemen," said Germaine, "but my father has not yet returned."

"Please don't apologize," said Mr. Charolais, and he and his two sons sat down on three chairs.

"He probably won't return for another hour," said Germaine. "You don't have to waste your time waiting."

"Oh, it doesn't matter," said Mr. Charolais. "However, while we're waiting, if you're a member of the family, sir, could we discuss* the price of the car?" he asked the Duke.

"I'm sorry," said the Duke. "I'm not selling it."

"Will you please come in here, sir?" Firmin said to someone at the door.

A third young man came into the hall.

"What are you doing here, Bernard?" said Mr. Charolais. "I told you to wait at the park gate."

"I wanted to see the car too," said Bernard.

"My third son," said Mr. Charolais. "He is studying to be a lawyer.*"

"Your father's just come back, miss," Firmin said.

"Thank goodness for that!" said Germaine. "If you come with me, gentlemen, I will take you to my father, and you can discuss the price of the car."

As she spoke, she moved toward the door. Mr. Charolais and his sons rose and made way for* her. The father and the two

---

reveal 드러내다  chemist's shop 약국  discuss 의논하다, 토의하다
lawyer 변호사  make way for ~을 위해 길을 열어 주다

eldest sons quickly followed her out of the room. But Bernard stayed behind. He quickly grabbed an object off the cabinet. But the Duke had seen him and grabbed his arm.

"No, you don't, my young friend," he said sharply.

"Don't what?" said Bernard, trying to shake free.

"You've taken a pearl pendent," said the Duke.

"No, I haven't!" answered Bernard.

The Duke put his hand into the man's hat, took out the pendant, and held it in front of his eyes.

"It was a mistake!" he said. "Forgive me! Don't tell anyone! I'll never do it again!"

The Duke hesitated* and looked down on him.

"All right," he said slowly. "Just this once...."

"Thanks!" said Bernard, and he left the hall.

The Duke shut the door and looked at Sonia, breathing* quickly.

"Well, did you ever see anything like that?" asked the Duke.

"No, no!" said Sonia. "That was kind of you to let him go!"

"What's the matter?" he said gently. "You're quite pale."

"It has upset me," said Sonia. "His eyes were so terrified* and so boyish*!"

"You are so sensitive*!" said the Duke in a comforting* tone. "You're very unhappy here, aren't you?"

"Me?" said Sonia quickly. "Why?"

"Your smile is so sad, and your eyes are so timid,*" said the Duke slowly. "But you

---

hesitate 주저하다, 머뭇거리다  breathe 숨 쉬다, 호흡하다  terrified 무서워하는, 겁먹은  boyish 순진한, 천진난만한  sensitive 여린, 섬세한  comforting 기분을 돋우는, 위안이 되는  timid 머뭇거리는, 수줍어하는

have no family or friends?"

"No," said Sonia.

"Surely you have some in Russia?" asked the Duke.

"No," replied Sonia. "My father fought against the government.* He died in Siberia when I was a baby. My mother died when I was two."

"It must be hard to be alone like that," said the Duke.

"No," said Sonia with a faint* smile. "I'm used to* having no family. I just want one thing...."

"And what is that?" asked the Duke.

"Well, I wish I would get a letter from someone who cares about me," replied Sonia. "But that's ridiculous*...."

She smiled at him. The Duke smiled too. They looked at each other for a long time.

"You're getting quite impossible, Sonia!" Germaine cried suddenly. "I told you to pack my writing case, but you still haven't yet."

"I'm sorry," said Sonia.

"Come, Germaine!" said the Duke. "It's nothing."

"This is none of your business, Jacques!" said Germaine.

"Germaine!" said the Duke.

"Pick up those envelopes and letters, and bring everything to my room," cried Germaine. "Be quick about it!"

She ran out of the room and slammed* the door behind her. Sonia silently began to pick up the papers.

"Let me help you," said the Duke. "I'm so sorry about Germaine. She's got a good heart, but she just doesn't know how to talk to people. It's because she's always

---

**government** 정부  **faint** 희미한, 가냘픈  **be used to** ~에 익숙하다
**ridiculous** 터무니없는, 바보 같은  **slam** (문 등을) 쾅 소리 나게 닫다

been rich."

"It's fine," answered Sonia. Before she could leave the room, he took her hand and kissed it. Her cheeks turned red.

## Chapter 05

# A Letter from Lupin

백만장자인 구르네 마르탱이 집에 돌아온다.
그리고 뤼팽이 보낸 또 다른 편지가 백만장자에게 배달된다.
뤼팽이 그림들과 보관을 훔치겠다고 예고하자 백만장자는 안절부절못한다.

The Duke stood for a while, staring thoughtfully* at the door through which Sonia had passed. Then, he went outside and began to walk through the gardens around the mansion. Near the entrance*

---

**thoughtfully** 생각에 잠겨  **entrance** 입구, 문간

to the gardens, there was a group of people talking.

In the middle of the group, stood Mr. Gournay-Martin, a big, round man. The millionaire* was waving* his hands and yelling.*

"No! That's the lowest price I'll give. Take it or leave it."

"It's very expensive," said Mr. Charolais sadly.

"Expensive!" yelled Mr. Gournay-Martin. "No one else would sell a one hundred-horsepower car for eight hundred pounds! Don't say anymore until you've tried the car."

"Now, Jean, take these gentlemen to the garage,* and have them drive to the station," said Mr. Gournay-Martin. "Show them what the car can do." Then he turned to Mr. Charolais. "You know, Mr. Charolais, you're too good a man of business for me. You go along and try the car. Goodbye."

The four Charolais mumbled goodbye in deep depression* and went off with Jean. When they had gone around the corner, the millionaire turned to the Duke.

"The car's four years old," he said joyfully.* "He'll give me eight hundred for it, and it's not worth anything."

"Is there any news?" said the Duke carelessly.

"Yes," said the millionaire, rubbing* his fat hands together, satisfied.* "They signed* the papers. You will be getting the award.*"

"Oh, that sounds great," said the Duke, who seemed as if he didn't care that much.

"You know, I want to marry my daughter to a worker, my dear Duke," said

---

**millionaire** 백만장자 **wave** 흔들다, 휘두르다 **yell** 큰 소리를 지르다, 소리치다
**garage** 차고 **depression** 의기소침, 우울 **joyfully** 즐겁게, 유쾌하게 **rub** 비비다, 문지르다 **satisfied** 만족한, 흡족한 **sign** 서명하다, 사인하다 **award** 상, 포상

the millionaire, slapping* his big left hand with his bigger right. "I want her to be married to someone who is important in society.*"

The Duke laughed gently.

"What are you laughing at?" said the millionaire.

"Nothing," said the Duke quietly. "Only you're so full of surprises."

"I've surprised you?" said Mr. Gournay-Martin. "I thought I should. It's true that I'm full of surprises. It's my knowledge.* I understand so much. I understand business, and I love art and pictures. Yes, certainly I do love the beautiful. I have good taste.*"

"Yes, your collections, especially your collection in Paris, are very good," said the Duke, trying not to yawn.*

"And yet you haven't seen the finest thing I have," said the millionaire. "It is the coronet* of the Princess of Lamballe. It's worth half a million* francs."

"So I've heard," said the Duke. "No wonder* that Arsene Lupin envied you."

"Don't speak of the pig*!" he yelled. "Don't say his name in front of me."

"Germaine showed me his letter," said the Duke. "It is amusing.*"

"A letter for you, sir," said Firmin suddenly as he came over to the two men.

"Thank you," said the millionaire, taking the letter. "Good heavens!"

"What's the matter?" said the Duke, jumping out of his chair.

"It's the same handwriting!" gasped the millionaire. He fell into a chair. There was a crash.* The chair broke, and the millionaire fell on the floor. The Duke

---

slap 찰싹 때리다   society 사회   knowledge 지식   taste 취향, 감식력
yawn 하품하다   coronet 보관(관 모양의 머리 장식품)   million 백만
wonder 경탄, 놀라움   pig 불결한 사람   amusing 재미있는, 즐거운   crash 쿵, 쾅

began laughing and laughing. He gave the millionaire his hand and helped him stand.

"Come," he said, laughing still. "This is ridiculous! What do you mean by the same handwriting? It can't be."

"It is the same handwriting," answered the millionaire. And he tore open* the envelope.

"Listen," he said.

Dear Sir,

My collection of pictures, which I had the pleasure of starting three years ago with your pictures, is not complete. I will take more of your pictures tomorrow from your house in Paris.

Yours very sincerely,
*ARSENE LUPIN*

"He's joking," said the Duke.

"Wait!" gasped the millionaire. "There's a postscript. Listen."

P.S.–Since you have been keeping the coronet of the Princess of Lamballe, I will also take that.–A. L.

"The thief!" shouted the millionaire, grabbing at his collar.* "Telephone to the Chief* of Police!"

Germaine and Sonia came. Germaine stood staring helplessly* at her father.

"What's the matter?" she asked.

"It's this letter," said the Duke. "A letter from Lupin."

"I told you so," said Germaine triumphantly. "I said that Lupin was around."

"Where's Firmin?" said the millionaire. "Oh, there you are!"

---

tear open 찢어서 열다  collar 옷깃  chief 장, 우두머리  helplessly 무기력하게

He jumped up, caught the gardener by the shoulder, and shook him furiously.*

"This letter," he yelled. "Where did it come from? Who brought it?"

"It was in the letter box,*" said Firmin, and he broke out of the millionaire's grasp.* "My wife found it there."

"Bring me the telephone," cried the millionaire.

"But the telephone's no good,*" said Sonia quickly.

"No good!" shouted the millionaire. "Why not?"

"Look at the time," said Sonia. "The telephone doesn't work as late as this. It's Sunday."

"It's true," he said.

"What time is it?" said the Duke, pulling out his watch.

The millionaire pulled out his watch.

"It's seven minutes past seven," the

Duke said sharply. "Well, I'm going to take a car and hurry off to Paris. I should get there between two and three in the morning. It will be just in time to inform the police and catch the robbers. I'll just get a few things together."

So saying, he rushed out of the hall.

"Excellent, excellent!" said the millionaire. "We will all go to Paris. I don't care about the stuff in the house here. Everything important is in Paris."

---

**furiously** 미친 듯이 노하여　**letter box** 우편함　**gasp** 쥠, 잡고 있음　**no good** 무가치한, 쓸모없는

Chapter 06

# Again the Charolais

샤롤레 부자는 백만장자의 저택에 침입하여 집 안을 뒤진다.
구르네 마르탱은 그들 중 한 명이 창문으로 도망치는 것을 목격하고
샤르메라스 공작을 소리쳐 부른다.

As soon as the millionaire exited\* his house, Mr. Charolais and his three sons came into the room through the window. They were followed by the man who drove the millionaire's cars, Jean.

"Take the door into the outer\* hall, Jean," said Mr. Charolais in a low voice.

"Bernard, take that door into the living room. Pierre and Louis, help me search* through the drawers. The whole family is going to Paris, and if we're not quick, we won't get the cars."

"It would have been so simple to rob the Paris house without sending that letter," said Jean.

"What bad can a letter do, you fool?" said Mr. Charolais. "It's Sunday. We want them to be tired tomorrow so it will be easier to get that coronet. It must be in Paris. I've already been looking through everything here for hours."

Jean and Bernard watched the doors while the others searched the drawers for expensive things.

"Where are the keys to the Paris house?" grumbled Mr. Charolais. "I must have

---

exit 나가다   outer 밖의, 바깥의   search 찾다, 수색하다

those keys!"

They tried to open the last cabinet. It was locked.

"It's locked, of course!" said Mr. Charolais. "Just my luck! Come and get it open, Pierre. Be smart!"

The son he had described* as an engineer* came quickly to the cabinet. They played with the lock until the cabinet opened. Then they took all the drawers out.

"Quick!" said Jean. "Mr. Gournay-Martin is coming back!"

He moved down the hall, blowing out* one of the lamps as he passed it. In the seventh drawer lay* a bunch* of keys. Mr. Charolais grabbed them and then took some keys from his pocket. He put them in the drawer instead.* They all jumped through the window and ran out through the yard.

Mr. Gournay-Martin came in.

"A man!" the millionaire shouted. "A burglar! Firmin!" He had just barely* seen the back of someone going through the window. He ran to the window. He kept looking at the window with terrified eyes, as though he expected somebody to step in and cut his throat.

"Firmin!" he shouted again. "Duke!"

The Duke came quietly into the hall.

"Did I hear you call?" he said.

"Call?" said the millionaire. "I shouted. The burglars are here already. I've just seen one of them. He jumped through the middle window."

The Duke raised* his eyebrows.*

"You're just stressed,*" he said gently.

---

**describe** 묘사하다, 기술하다  **engineer** 기술자  **blow out** 불어 끄다  **lie** 놓여 있다  **bunch** 다발, 묶음  **instead** 그 대신에  **barely** 간신히, 겨우  **raise** 올리다, 들어 올리다  **eyebrow** 눈썹  **stressed** 스트레스를 받은, 스트레스가 쌓인

"It's not stress!" said the millionaire. "I saw them like I can see you!"

"But you can't see me at all!" said the Duke. "There is only one lamp lit."

"It's that fool Firmin!" shouted the millionaire. "He should have lit six. Firmin!"

They listened for the sound of the gardener's boots, but they did not hear it.

"Well, we should shut the windows," said the Duke. "Why don't you leave Firmin here with a gun to guard the place? Then we can go to Paris. Yes, I'd better hurry to Paris. You should follow slowly with Germaine, because she doesn't like the faster car. The sooner I get to Paris, the better for your paintings. I'll take Miss Kritchnoff and Irma with me."

"No, I'll take Irma and Germaine," said the millionaire. "Germaine would prefer to have Irma with her. She wouldn't like to get to Paris without her maid.*"

The living room door opened, and in came Germaine, followed by Sonia and Irma. They wore driving clothes. Sonia and Irma were carrying handbags.

"It's so annoying that we have to leave in the middle of the night," said Germaine.

"Well, then, you'll be interested to hear that I've just seen a burglar here in this room," said the millionaire. "I frightened* him, and he jumped through the window. Sonia, get my keys to the Paris house."

Sonia took her own keys from her pocket and went to the cabinet. She put a key into the lock and tried to turn it. It would not turn, and she bent down* to look at it.

"Someone's broken the lock!" she said.

"I told you I saw a burglar!" said the

---

maid 하녀   frighten 소스라쳐 놀라게 하다, 섬뜩하게 하다   bend down (몸을) 숙이다

millionaire triumphantly. "He was after the keys."

"They're here!" she said, taking the keys out of the drawer and holding them up.

"Then I was just in time," said the millionaire. "I surprised him before he could take the keys!"

"You were right!" said the Duke. "However, you'd better give me those keys, Miss Sonia. We're going to Paris first."

Sonia handed* the keys to the Duke. As he took the keys from her, he held her hand for a short moment. The others could not see him do this because it was too dark in the room. Suddenly, they heard the sound of rain on the windows.

"Rain!" said Germaine. "How can we ride in the rain?"

They sat for three or four minutes silently listening to the sound of the rain.

"But where are the cars?" the Duke

asked finally. "Why is Jean taking so long?"
"Jean!" the millionaire called. "Firmin!"
There was no answer.

---

**hand** 건네다

Chapter 07

# The Theft of the Motorcars

백만장자의 자동차가 도난당한다.
구르네 마르탱은 서둘러 파리로 가서 뤼팽에게서 보물을 지키기로 한다.
공작은 자신이 먼저 파리에 가서 경찰에 신고하기로 한다.

The night was very black. The rain hit their faces.

"Jean! Firmin! Firmin! Jean!" the millionaire called again.

No answer came out of the darkness.*

The Duke grabbed the millionaire by the arm and pulled him down the steps.

They went into the garage where the cars were kept. The Duke suddenly stopped.

"What happened?" he asked.

Instead of three cars, there was only one. It was the hundred-horsepower car. It was a racing car with only two seats. Jean and Firmin were sitting on them.

"What are you sitting there for?" yelled the millionaire.

Neither of the men answered, nor did they move.

"What on earth* is this?" said the Duke. He grabbed a lamp and held it over the men. They were both tied up to* the car!

The Duke pulled a knife from his pocket, stepped into the car, and set Firmin free.* Firmin coughed* and yelled. The Duke freed Jean.

"Well," said the Duke. "What game are

---

**darkness** 암흑, 어둠  **on earth** 도대체(의문사 강조)  **be tied up to** ~에 묶이다  **set ~ free** ~을 풀어 주다  **cough** 기침하다, 기침 소리를 내다

you playing?"

"It was those Charolais!" growled* Firmin.

"They stole the cars!" said Jean.

"They stole the cars?" cried the millionaire.

The Duke began to laugh.

"This is the funniest thing I've ever heard of," said the Duke.

"Funny!" howled* the millionaire. "What about my pictures and the coronet?"

"Well, this means a change in our plans," the Duke said. "I must get to Paris in this car here."

"It's so old and rotten,*" said the millionaire. "You'll never do it."

"Never mind," said the Duke. "I've got to do it somehow.* But I don't like leaving you and Germaine in the mansion. What if the thieves come back?"

"You're not going to leave us behind," said the millionaire. "There's always the train."

"The train!" said the Duke. "But it takes twelve hours!"

"Come along," said the millionaire. "I must go and tell Germaine. There's no time to waste.*" He hurried off to the mansion.

"Get the lamps lit, Jean," said the Duke, "and make sure that the tank's full of oil. I'll get the car to Paris somehow."

He went back to the mansion, and Firmin followed him.

"What time is the next train?" asked Germaine.

"According to my timetable,* the next one is at 9:00 pm," answered the Duke.

"How are we going to get to the station?"

---

**growl** 투덜거리다  **howl** 울부짖다, 악쓰다  **rotten** 썩은  **somehow** 어쨌든, 아무튼  **waste** 낭비하다, 허비하다  **timetable** 시간표

Germaine asked her father.

"There's the baggage cart,*" said Firmin.

"The baggage cart!" cried Germaine. "One moment. Is there a dining car* on the train? I don't want to be hungry."

"Of course there isn't a dining car," said her father. "We must eat something now and take something with us."

"Sonia, Irma, quick!" cried Germaine. "Tell Mother Firmin to make an omelet.* Be quick!"

Sonia went toward the door of the hall, followed by Irma.

"Good night, and have a safe trip, Miss Sonia," said the Duke.

"Good night and travel safely, Your Grace," said Sonia. "Please be careful. I hate to think of your hurrying to Paris on a night like this. Please be careful."

"I will be careful," said the Duke.

The honk* of the horn* told him that

Jean had brought the car to the door of the mansion. The Duke came down, kissed Germaine's hands, shook hands with the millionaire, and told them goodnight. Then he went out to the car.

After a while, there came a knock at the door and Jean appeared.*

"The Duke told me that I should help Firmin watch the house," he said.

The millionaire gave him instructions* about guarding* the house. Then Sonia called them into the dining room, and they ate a cold supper. They had nearly finished it when Jean came in, with his gun on his arm, to say that Firmin had made the baggage cart ready.

"Come along," the millionaire said. "We must be getting to the station."

They all climbed into the baggage cart.

---

**baggage cart** 짐마차  **dining car** 식당 칸  **omelet** 오믈렛  **honk** 나팔식 경적 소리  **horn** 뿔  **appear** 나타나다  **instructions** 지령, 명령  **guard** 지키다

The seats were small and uncomfortable.

"Sons of France, be brave!" he said to Jean and Firmin.

The cart went off into the damp,* dark night.

Jean and Firmin watched it disappear into the darkness. Then they came into the mansion and shut the door. They went to the gun room.* They both chose a gun, and Jean took some food and newspapers to read.

"When we fight with burglars, the important thing to do is to fire* first," Jean said to Firmin. "Good night. Pleasant dreams."

He shut the door and turned the key.

Firmin looked fearfully* around the empty hall and at the windows, black against the night. Under the sound of the rain, he heard footsteps.* He went down the hall to the kitchen.

His wife had put his supper on the table.

"My God!" he said. "I haven't been so frightened before."

"Frightened?" asked his wife. "What of?"

"Burglars!" said Firmin.

"God save us!" said his wife. "You lock the door of that hall and come into the kitchen. Burglars won't bother stealing from the kitchen."

"But what about the master's treasures?" said Firmin.

"Let the master look after* his treasures himself," said Mrs. Firmin. "I won't let you die for some treasures. Go and lock that door and have your supper."

Firmin locked the door of the hall. Then he locked the door of the kitchen. He sat down and began to eat his supper. Suddenly, they heard knocking at the

---

damp 축축한, 습기 찬  gun room 총기실  fire (총 등을) 발사하다  fearfully 무서워하여, 걱정스럽게  footstep 발자국  look after 돌보다, 보살피다

door. Husband and wife froze* with fear.* They heard the sound of knocking for five minutes.

"I believe it's the master's voice," Firmin's wife said finally.

"The master's voice!" said Firmin.

"Yes," said Mrs. Firmin. And she unlocked* the thick door and opened it a few inches.

The millionaire yelled at the frightened couple and went into the hall. Germaine followed him.

"There was no train until midnight!" said Germaine. "I won't take a midnight train! I must wait until morning!"

Chapter 08

# The Duke Arrives

샤르메라스 공작은 파리의 경찰서로 가서
뤼팽의 편지를 보여 주며 도움을 청한다.
경찰관 네 명이 공작을 따라 구르네 마르탱의 저택을 방문하고
집 안을 수색하기 시작한다.

 

Everyone at the police station was sleepy that morning. They all yawned and were waiting for the long night to finally pass. The silence* of the street was broken by the sound of a noisy* car. It stopped in

---

**freeze** 얼어붙다, 얼다  **fear** 공포, 두려움  **unlock** 자물쇠를 풀다  **silence** 고요함, 적막  **noisy** 떠들썩한, 요란한

front of the door of the police station, and the eyes of the police officers turned to the door.

It opened and a young man stood in the doorway.

"I am the Duke of Charmerace," said the Duke. "I am here for Mr. Gournay-Martin. Last evening he received a letter from Arsene Lupin. It said he was going to break into* his Paris house this morning."

At the name of Arsene Lupin, the police officers jumped up from their chairs. They were immediately* filled with enthusiasm.*

"Please let me see the letter, Your Grace!" said the inspector.*

The Duke handed the letter to him.

"Yes, I know the handwriting well," the inspector said as he read it. "Yes, yes, it's his usual letter."

"There's no time to waste," said the Duke quickly. "I should have been there hours ago, but my car broke down."

"Come along, Your Grace," said the inspector. The Duke and four police officers headed to* the Gournay-Martin house together.

In three minutes, they came to the mansion. There were no signs that any one was living in it. The windows were all shut, and no smoke came from the chimney.*

Pulling a bunch of keys from his pocket, the Duke ran up the steps. The police followed him. The Duke looked at the bunch, picked out* one of the keys, and fitted it into the lock. It did not open it. He took it out and tried another key and another. The door remained* locked.

"Let me try it, Your Grace," said the inspector. "I'm more used to it. I will be

---

**break into** ~에 침입하다  **immediately** 곧, 즉각  **enthusiasm** 열의, 의욕
**inspector** 조사관  **head to** ~로 향하다  **chimney** 굴뚝  **pick out** 고르다, 선별하다  **remain** ~ 대로이다, 여전히 ~이다

quicker."

The Duke handed the keys to him, and, one after another, the inspector fitted them into the lock. It was useless. None of them opened the door.

"They've given me the wrong keys," said the Duke. "Or no... I see what's happened. The keys have been changed."

"Changed?" said the inspector. "When? Where?"

"Last night at the other house," said the Duke. "Mr. Gournay-Martin said he saw a burglar jump out of one of the windows of the hall of the mansion. We found the lock of the cabinet in which the keys were kept broken."

"Try that door there," the inspector cried to a police officer, pointing to a side door on the right. It was locked.

"There's a housekeeper,* a woman named Mrs. Victoire," the Duke said. "Let's hope we don't find her with her throat cut."

"That isn't Lupin's way," said the inspector. "He doesn't hurt* people."

"I doubt they can open doors now, anyway," said the Duke. "Shouldn't we just break it open?"

The inspector hesitated.

"People don't like their doors broken open," he said. "And Mr. Gournay-Martin...."

"Oh, I'll take the responsibility for* that," said the Duke.

"Oh, if you say so, Your Grace," said the inspector. "Henri, go to Ragoneau and talk to the locksmith.* Bring him here as soon as possible."

The police officer hurried away. The other police officers began to search around the house for clues.* The Duke

---

housekeeper 가정부   hurt 다치게 하다, 아프게 하다   take the responsibility for ~에 대해 책임을 지다   locksmith 자물쇠 제조공   clue 실마리, 단서

relaxed* while they searched.

The police officers came back, looking unhappy.

"Have you found anything?" asked the Duke.

"Nothing," said one of the police officers.

He came up the steps and knocked on the door. No one answered his knock. The locksmith and Henri finally arrived. They could not get the door open.

"Cut away," said the Duke.

The door finally opened. The police officers took out their guns and entered the door. They opened the blinds.* The house looked normal.* Nothing looked touched or stolen.

"Where is the butler*?" said the inspector, and the other poice officers hurried through the little door on the right which opened into the butler's room.

"The butler and his wife are tied up,"

said one of the police officers.

"Let's go upstairs,*" said the Duke. "The thieves might still be there."

They ran quickly up the stairs, followed by the police officers. They had arrived too late.

The room was in disorder.* Chairs were upside down,* and there were empty* spaces* on the wall where the finest pictures had been hung. The window facing the door was wide open. They could see the top of a ladder* at the window.

The Duke and the inspector ran to the window and looked down into the garden. It was empty.

The Duke turned from the window, looked at the wall opposite, and then went quickly to it.

"Look here," he said, and he pointed to

the middle of one of the empty spaces in which a picture had hung.

There, written neatly* in blue chalk, were the words: ARSENE LUPIN.

"This is a job for Guerchard, the famous detective," said the inspector. And he ran to the telephone. He was shouting impatiently into the telephone. The Duke sat down in an easy chair* and waited for him. When he had finished telephoning, the inspector began to search the two rooms for traces* of the burglars. He found nothing.

"The next thing to do is to find the housekeeper," said the inspector. "She may be sleeping still."

"I find all this extremely* interesting," said the Duke.

"Mrs. Victoire! Mrs. Victoire!" they called two or three times, but there was no answer.

They opened the door of room after room and looked in.

"Here we are," said one of the police officers. They looked in and saw that the bed was unmade.* Cleary, Mrs. Victoire had slept in it.

"Where can she be?" asked the Duke.

"I expect* she's with the burglars," said the inspector. "She probably helped them."

The police continued* to search the house. They did not find the housekeeper or any clues. It seemed like the burglars only took things from that one room. The butler and his wife said they did not see who the burglars were.

"Mr. Gournay-Martin asked me to send for Guerchard if he arrived too late," said the Duke. "It seems that there is a war between Guerchard and this Arsene

---

neatly 깔끔하게  easy chair 안락의자  trace 흔적  extremely 매우, 참으로  unmade 정돈되지 않은  expect 예상하다  continue 계속하다

Lupin."

"That's a good idea," said the inspector. They called the main police station and gave the phone to the Duke.

"I am the Duke of Charmerace," said the Duke. "Mr. Gournay-Martin begged me to get Guerchard to catch Arsene Lupin."

After some talking on the phone, they finally told the Duke that they would send two detectives to help with the case until Guerchard had time to go. At the moment, he was off duty.* Instead, they would send a different master detective, Mr. Formery, later in the day.

They all decided to eat breakfast and rest* until the detectives arrived. Finally they did, and they searched the house for clues and interviewed* the butler and his wife. When they finished searching the house, they told the Duke that they had found no clues.

# Detective Formery Opens the Inquiry*

포르메리 형사부장이 구르네 마르탱의 저택에 도착한다.
공작은 포르메리 형사부장에게 뤼팽이 물건을 훔칠 것 같다고 말하지만
포르메리 형사부장은 뤼팽에게 주목되는 시선에 반감을 표시한다.

Mr. Formery had finally arrived. He was a plump* and pink little man with very bright eyes. His mustache* looked like a toothbrush.*

"Is this the scene* of the robbery*?" said

---

**off duty** 비번인  **rest** 쉬다, 휴식을 취하다  **interview** 면담하다  **inquiry** 수사  **plump** 통통한, 포동포동한  **mustache** 코밑수염  **toothbrush** 칫솔  **scene** 장면, 현장  **robbery** 도둑질, 강도질

Mr. Formery cheerfully.*

"Yes, sir," said the inspector. "These two rooms seem to be the only ones touched. Jewels may have been stolen from the rooms."

"A great loss.* But we will get them back, sooner or later,*" said Mr. Formery. "I hope you have touched nothing in this room. Let me have the details,* officer."

"Does Lupin always work with help?" interrupted* the Duke in the middle of their conversation.

"Why do you say Lupin?" said Mr. Formery sharply.

"There is the letter from Lupin which my future father-in-law* received last night."

"Lupin!" said Mr. Formery impatiently. "Everybody has Lupin on the brain! I'm sick of* hearing his name. The letter could be fake.*"

"I wonder what Guerchard will think," said the Duke.

"Guerchard?" said Mr. Formery. "You want Guerchard to help? He is obsessed with* Lupin more than anyone else."

"But Mr. Gournay-Martin asked me to send for Guerchard," said the Duke. "I already asked them to send him."

"Oh, well, if you've already asked for him," said Mr. Formery sharply. "But it was unnecessary.*"

"I didn't know," said the Duke politely.

"Arsene Lupin doesn't leave clues all over the place," said Mr. Formery. "There are so many clues here. Are we going to have that silly* Lupin joke again? The burglars came in through this window, and they went out through it."

---

**cheerfully** 기분 좋게, 쾌활하게  **loss** 손실, 손해  **sooner or later** 조만간  **details** 상세한 설명  **interrupt** 끼어들다  **father-in-law** 장인  **be sick of** ~이 신물 나다, ~이 지겹다  **fake** 가짜의, 위조의  **be obsessed with** ~에 집착하다  **unnecessary** 불필요한, 무용의  **silly** 어리석은

He crossed the room to a tall safe.* The safe was covered with velvet.* He tried to open the safe, but it wouldn't open.

"As far as I can see, they haven't touched this," said Mr. Formery.

"Thank goodness for that," said the Duke. "I believe, or at least my fiancée* does, that Mr. Gournay-Martin keeps the most precious* thing of his collection in that safe—the coronet."

"What!" said Mr. Formery. "The famous coronet of the Princess Of Lamballe?"

"Yes," said the Duke.

"But didn't 'Lupin' say in his letter that he was going to steal the coronet?" said Mr. Formery.

"Yes," said the Duke.

"Well, that means Lupin wasn't here," said the inspector.

"Who's in charge of* the house?" asked Mr. Formery.

"The butler, his wife, and a housekeeper named Victoire," said the inspector. "But we don't know where the housekeeper is."

"You don't know where she is?" said Mr. Formery.

"We can't find her anywhere," said the inspector.

"That's excellent!" said Mr. Formery with delight.* "That means she must have been the one helping them."

"I don't think so," said the Duke. "My future father-in-law and my fiancée trusted her. She was supposed to watch all of the jewels and wedding presents."

"And these jewels and wedding presents...have they been stolen too?" asked Mr. Formery.

"They don't seem to have been touched," said the Duke.

---

**safe** 금고  **velvet** 벨벳, 우단  **fiancée** 약혼녀  **precious** 귀중한, 값진  **in charge of** ~을 맡고 있는, ~을 관리하고 있는  **with delight** 기꺼이, 기쁘게

"That's very annoying," said Mr. Formery.

"I don't find it so," said the Duke, smiling.

"This housekeeper must be somewhere in the house if she's really trustworthy,*" said Mr. Formery. "Have you looked in every room in the house?"

"Everywhere," said the inspector.

"Are you sure that she wasn't murdered?" asked Mr. Formery.

"Not here!" said the inspector.

"This is beginning to look very complicated,*" said Mr. Formery seriously.

"Perhaps Guerchard will be able to figure it out," said the Duke.

The Duke picked up a book which had fallen from a table.

"Excuse me, but please do not touch anything," said Mr. Formery quickly.

"Why, this is odd," said the Duke,

staring at the floor.

"What is odd?" asked Mr. Formery.

"Well, this book looks as if it had been knocked off the table by one of the burglars," said the Duke. "And look here. Here's a footprint* under it."

"It looks like plaster,*" said Mr. Formery. "How did plaster get here?"

"Well, I suppose the robbers came from the garden," said the Duke. "At the end of the garden they're building a house."

"Of course, of course," said Mr. Formery. "The burglars came here with their boots covered with plaster. They've swept away* all the other marks of their feet from the carpet. Yet, whoever did the sweeping was too lazy to lift up* that book and sweep under it. This footprint,

---

trustworthy 신뢰할 수 있는   complicated 복잡한   footprint 발자국
plaster 회반죽, 벽토   sweep away 쓸어 내다, 완전하게 없애 버리다   lift up 들어 올리다

however, is not of great importance. Still, this footprint may be useful later. You had better measure* it."

The inspector measured the footprint very carefully.

"I must take a careful look at* that house they're building," said Mr. Formery. "I shall find many clues there."

The inspector wrote the measurements* of the footprint in his notebook. They heard knocking at the front door. A police officer opened the door of the living room and saluted.*

"If you please, sir, the servants have arrived from Charmerace's," he said.

"Let them wait in the kitchen and the servants' offices," said Mr. Formery. He stood silently, thinking for a few moments. "Were the motorcars the only things stolen at Gournay-Martin's?"

The Duke told him about the keys that

were stolen and about the young man who had tried to steal the pendant.

"Good!" said Mr. Formery, his eyes sparkling* with joy. "I will question* him!"

"We can't," said the Duke.

"Did the police lose him?" asked Mr. Formery.

"No," said the Duke. "I didn't call the police. I just let him go."

"You let him go?" asked Mr. Formery, astonished. Mr. Formery folded his arms* and walked, backward and forward,* across the room.

"I have no hesitation* in saying that there is a connection* between the thefts* at Charmerace's and this burglary*!" he said suddenly.

The Duke and the inspector stared at

---

measure 재다  take a look at ~을 살펴보다  measurement (치수, 양 등을) 잰 것  salute 경례하다  sparkle 번쩍이다, 번득이다  question 심문하다  fold one's arms 팔짱을 끼다  backward and forward 이리저리, 앞뒤로  hesitation 망설임  connection 연관, 연결  theft 절도  burglary 강도 사건

him.

"I find all this extremely interesting," said the Duke.

A police officer entered the room with the butler and his wife.

"Well, are you feeling better?" Mr. Formery asked.

"Oh, yes, sir," said the butler. "They did not really hurt us."

"But all the same," said Mr. Formery. "It's a shameful* thing. And if the police did their duty,* things like this wouldn't happen. I don't care who hears me say it. You say that you were taken by surprise* in your sleep? You say you saw nothing and heard nothing?"

"There was no time to see anything or hear anything," said the butler.

"Didn't you hear the noise of footsteps in the garden?" asked Mr. Formery.

"One can't hear anything that happens

in the garden from our bedroom," said the butler.

"If they sleep like that, it seems like a waste of time to have tied them up," whispered the Duke to the inspector.

The inspector smiled.

"Didn't you hear any noise at the front door?" asked Mr. Formery.

"No, we heard no noise at the door," said the butler.

"Then you heard no noise at all the whole night?" asked Mr. Formery.

"No," said the butler. "We heard noise after we were tied up."

"Now, this is important," said Mr. Formery. "What kind of a noise was it?"

"Well, it was a bumping* kind of noise," said the butler. "And there was a noise of footsteps, walking around the room."

---

shameful 부끄러운　do one's duty 본분을 다하다, 의무를 이행하다　take by surprise 불시에 치다, 기습하다　bumping 쿵 하고 부딪히는

"What room?" asked Mr. Formery. "Where did these noises come from?"

"From the room over our heads," said the butler.

"Didn't you hear any noise of a struggle*?" asked Mr. Formery. "Any screaming or crying?"

"No, I didn't," said the butler.

"Neither did I," said his wife.

"How long have you been working for Mr. Gournay-Martin?" asked Mr. Formery.

"A little more than a year," said the butler.

"I see you've been arrested* twice, my man," said Mr. Formery.

"Yes, sir, but…."

"My husband's an honest man, sir," broke in* his wife. "Just ask Mr. Gournay-Martin."

"Keep quiet, my good woman," said Mr.

Formery.

He then turned to the butler.

"The first time you were in jail,* it was for one day," said Mr. Formery. "The second time was for three days."

"It's true," said the butler. "But it was for noble reasons. I have the same opinions that my master has, always. So when he didn't support the government, I didn't support the government either."

"Fine," said Mr. Formery. "You can go."

The butler and his wife left the room, looking confused.

"Those two fools are telling the exact* truth," said Mr. Formery.

"They look honest," said the Duke.

"Well, now I will look around the rest of the house," said Mr. Formery.

"I'll come with you, if I may," said the

---

**struggle** 치고받다, 싸우다   **arrest** 체포하다   **break in** (말을) 끼어들다   **jail** 감옥   **exact** 정확한

Duke.

"Sure," said Mr. Formery.

Chapter 10

# Guerchard Assists*

게르샤르 경감이 구르네 마르탱의 저택에 도착한다.
경감은 뤼팽을 오랫동안 쫓아 왔고 포르메리 형사부장과는 앙숙이다.
포르메리 형사부장은 빅투아르가 죽었다고 생각하지만
게르샤르 경감이 그녀를 찾아 낸다.

Leaving a police officer on guard at the door of the living room, Mr. Formery, the Duke, the inspector, and the other police officers looked around the house. It took a long time. Mr. Formery took the longest

---

**assist** 돕다

time in Mrs. Victoire's bedroom. He couldn't believe that she wasn't murdered.

Mr. Formery went out into the garden and began looking there. There were footprints but not that many. The footprints led to a path out of the door in the wall at the end of the garden. Then they led into the space around the house which was being built.

There were hundreds of footprints around this house. Mr. Formery looked at them. Yet, he did not suggest* that the police officers should look for footprints the same size as the one found inside the house.

While they were looking around the half-built house, a man came down the stairs from the third floor of the house of Mr. Gournay-Martin. He was a normal-looking man between forty and fifty years old and his height* was average.* He had an ordinary* mouth, an ordinary nose, an ordinary chin, an ordinary forehead, and ordinary ears.

Only his eyes were interesting. When he looked at someone, he seemed to be looking at their soul.* He was the famous detective Guerchard, head of the Detective Department* and enemy of Arsene Lupin.

The police officer at the door of the living room greeted him.

"Shall I go and tell Mr. Formery that you have come, Mr. Guerchard?" he asked.

"No, there's no need," said Guerchard in a gentle voice. "Don't bother anyone about me. I'm not important."

He stepped into the living room and stood looking around it, curiously.* He walked slowly to the window, and the

---

suggest 말을 꺼내다, 권하다  height 높이, 키  average 평균의, 보통 수준의
ordinary 평상의, 보통의  soul 영혼, 정신  department 부, 과  curiously 신기한 듯이, 호기심에서

police officer walked with him.

"Have you seen this, sir?" said the police officer, pointing to the ladder. "It's likely that the burglars came in and went away by this ladder."

"Thank you," said Guerchard.

"They don't think it's Lupin's work at all," said the police officer.

"Is that so?" said Guerchard.

"Is there any way I can help you, sir?" asked the police officer.

"Yes," said Guerchard. "Guard the door and don't let anyone in except* the other police officers, Mr. Formery, or the Duke."

The police officer proudly went to guard the door.

As soon as the door closed, Guerchard began to look over everything. He looked at the window, the floor, the book, and the footprint. He measured the distance* of the footprint to the door. His measurements did not seem to satisfy* him. He concentrated on* his work.

He turned away from the window, and took out a small magnifying glass* from his pocket. He began to examine* the carpet carefully. Then he looked around the room. His eyes stopped on the fireplace.* His eyes were filled with interest. He looked at the fireplace, and then he looked at the window again.

He had stood there thinking for about ten minutes when he heard footsteps and voices on the stairs. He stopped thinking and put his leg through the window. Then he disappeared* from sight* down the ladder.

The door opened, and in came Mr. Formery, the Duke, and the inspector.

---

except ~ 외에  distance 거리  satisfy 만족시키다, 충족시키다
concentrate on ~에 집중하다  magnifying glass 확대경, 돋보기
examine 검사하다, 검토하다  fireplace 벽난로  disappear 사라지다, 모습을 감추다  sight 시야, 시력

Mr. Formery looked around the room as though he was expecting to see something. He turned to the police officer who was guarding the room.

"Mr. Guerchard is not here," he said.

"I left him here," said the police officer. "He must have disappeared. He's a wonder."

"Of course," said Mr. Formery. "He has gone down the ladder to examine that house they're building. He's just doing all over again the work we've already done. We could have told him all he wants to know."

"He may see something which we have missed," said the Duke.

"That's not likely," said Mr. Formery. "This inspector and I will cheerfully* eat anything we've missed, won't we?" And he laughed at his joke.

"It might be a very big meal," said the

Duke with a smile.

"The more I think about it, the more I think this is not the work of Lupin," said Mr. Formery. "What do you think, officer?"

"Yes, that's right," said the inspector.

"I think Guerchard will not be satisfied," said Mr. Formery.

"He must be very hard to satisfy," said the Duke.

"Oh, about anything else, you can argue,*" said Mr. Formery. "But he's obsessed with Lupin."

"Yet he never catches him," said the Duke.

"But considering everything, I have realized what happened," said Mr. Formery. "Mrs. Victoire is the key to the mystery.* She helped the thieves. She never

---

**cheerfully** 쾌활하게, 유쾌하게  **argue** 논쟁하다  **mystery** 수수께끼, 신비

slept in her bed. She unmade it to trick us. We shall have this good news, at least, to tell Mr. Gournay-Martin on his arrival."

"Do you really think that she helped?" asked the Duke.

"I'm sure of it," said Mr. Formery. "We will go up to her room and look again."

Guerchard's head popped up* above the window.

"My dear Mr. Formery, you shouldn't do that," he said.

Mr. Formery's mouth opened.

"What!" he cried. "You, Guerchard?"

"Yes, I am," said Guerchard, and he came to the top of the ladder and came into the room.

He shook hands with Mr. Formery and nodded to the inspector. Then he looked at the Duke.

"Let me introduce you," said Mr. Formery. "Chief-Inspector Guerchard, head of the Detective Department, this is the Duke of Charmerace."

The Duke shook hands with Guerchard.

"I'm delighted to meet you, Mr. Guerchard," said the Duke. "I've been expecting you to come here. I was the one who asked them to send you."

"What were you doing on that ladder?" said Mr. Formery.

"I was listening," said Guerchard. "I like to hear people talk when I'm working. My dear, Mr. Formery, you have done a good job."

Mr. Formery bowed.

"I don't agree with you, but you did a good job," said Guerchard.

"You don't think we should look at the housekeeper's room again?" asked Mr. Formery.

"I have just looked at it myself," replied Guerchard.

The door opened, and in came Bonavent, one of the detectives who had come earlier. In his hand, he carried a piece of cloth.

"I have just found this piece of cloth in the garden," said Bonavent. "The butler's wife tells me that it has been torn from Mrs. Victoire's dress."

"I feared it," said Mr. Formery, taking the scrap* of cloth. "We must go to the garden immediately. She might be dead in the well.*"

"I don't think there is any need to look for Mrs. Victoire in the well," said Guerchard. "Do you know if there's a dog or cat in the house, Your Grace?" he asked the Duke.

"What on Earth?" said Mr. Formery.

"Excuse me, but this is important," said

Guerchard.

"Yes, there is a cat," said the Duke.

"It must have been that cat which took this piece of cloth to the garden," said Guerchard.

"This is ridiculous!" cried Mr. Formery. "Mrs. Victoire was murdered, and you are talking about cats!"

"Mrs. Victoire has not been murdered," said Guerchard.

"Then how do you explain her disappearance?" asked Mr. Formery.

"She hasn't," said Guerchard.

"You know where she is?" asked Mr. Formery.

"Oh, yes," said Guerchard. "I've seen her."

"You've seen her?" cried Mr. Formery. "When?"

"It must have been between four and

---

**scrap** 한 조각, 파편  **well** 우물, 샘

five minutes ago," said Guerchard.

"But you haven't been out of this room!" said Mr. Formery.

"No, I haven't," said Guerchard.

"Well, where is she?" asked Mr. Formery.

"You don't let me speak," said Guerchard gently.

"Well, speak!" cried Mr. Formery.

"Look here," said Guerchard.

He walked across the room to the fireplace. He then pushed the chairs to one side of the fireplace. He pulled the screen away and behind it was a mattress. On the mattress* was a tied up woman sleeping.

"They knocked her out," said Guerchard. "She is sleeping."

They stared at him and the sleeping woman. The three of them picked up the mattress, and carried it and the sleeping woman to a couch,* and laid them on it.

"You never looked at the fireplace!" Mr.

Formery said to the inspector.

"No, sir," said the inspector.

"You must admit* that it was impossible for me to see her," he said to Guerchard.

"It was possible if you went on your hands and knees," said Guerchard.

"Hands and knees?" said Mr. Formery.

"When Lupin steals something, you can't trust appearances,*" said Guerchard.

"Lupin!" cried Mr. Formery hotly.*

"I have an idea about how everything happened," said Guerchard.

The Duke looked at both of them curiously.

"I find all this so interesting," he said.

Guerchard looked out of the window at a man who was carrying bricks* to the house that was being built. Something made him smile. The inspector, thinking

---

mattress 매트리스　couch 긴 의자, 소파　admit 인정하다　appearance 겉모습, 외모　hotly 열렬히, 열심히　brick 벽돌

about the fireplace, looked really depressed.*

"When this woman wakes up, we must speak to her," said Guerchard. "For now, let's bring her to her bedroom. And make a police officer guard the room she sleeps in."

"Now we have to think of a new answer to this mystery!" Mr. Formery said.

# Chapter 11

# The Family Arrives

공작은 샤롤레가 뤼팽이 아닌지 의심하지만
게르샤르 경감은 자동차를 훔친 것은 뤼팽 짓이 아니라고 말한다.
그때 구르네 마르탱 일행이 저택으로 돌아온다.
그들이 기다리던 밤 기차가 오지 않은 것이다.

"I will come with you, if I may, Mr. Guerchard," the Duke said to Guerchard. "This is all very interesting. I want to watch how you work."

"Okay," said Guerchard. "There are a

---

**depressed** 의기소침한, 낙담한

few things I want to discuss* with you."

They went through the house, out of the back door, and into the garden. Guerchard asked the Duke about everything that had happened.

"I have been wondering if Mr. Charolais is actually Lupin," said the Duke.

"It's quite possible," said Guerchard. "Lupin is very good at disguising himself. We don't really know what he actually looks like. He has met many of us a number of times in different disguises."

"Oh, yes...," said the Duke, "but it must be dangerous* for him to keep meeting you and other police officers."

"Lupin doesn't care about* danger,*" said Guerchard. "He does things for fun and humor."

He went on questioning the Duke closely about the household* of Mr. Gournay-Martin. He said that Arsene

Lupin worked with the largest gang a burglar had ever used. He also used many disguises during the same case. He could be pretending* to be someone in Mr. Gournay-Martin's household.

"If he was Charolais, I don't see how he could be someone in Mr. Gournay-Martin's household, too," said the Duke.

"I don't say that he was Charolais," said Guerchard. "Stealing cars would not be something he would do. He would make one of the people, who works for him, do that."

The Duke told him all that he could remember about the millionaire's servants.

The two of them, as they talked, were very different. The Duke was very well-spoken,* fast, and rich. The detective was

---

discuss 논의하다, 토론하다  dangerous 위험한  care about ~에 대해 신경 쓰다  danger 위험  household 식솔, 온 집안 식구  pretend ~인 체하다, 가장하다  well-spoken 말솜씨가 좋은, 달변인

slow and used common* words. Only in their eyes were they alike. They both looked like they could see and understand many things. Yet though the Duke had been lazy for most of his life, he looked like he was actually cleverer than the detective.

"I am sure that you will catch Lupin soon," said the Duke. "I am surprised you never caught him before."

"But we have!" cried Guerchard quickly. "We caught him twice! But he became another person and escaped."

"Really? It sounds absolutely* amazing," said the Duke thoughtfully. "It must be awful* for a woman to love a man like Lupin. She would always feel anxious.*"

"But many women want to meet him!" said Guerchard. "They said they would pay me to catch him!"

"You don't surprise me," said the Duke with his ironic* smile.

Guerchard walked to the ladder and began to look at the ground around and the path through the garden.

"I've seen all I want to see out here," he said to the Duke. "We should go back to the house."

"I hope you've seen what you expected to see," said the Duke.

"Exactly what I expected to see," said Guerchard.

They went back to the house and found Mr. Formery in the living room.

"The thing to do now is to hunt the neighborhood for people who might have seen the burglars carrying all the heavy things," said Mr. Formery.

"But Dieusy has been hunting the neighborhood for someone who saw the burglar," said Guerchard.

"Good," said Mr. Formery. "You found many clues?"

"Yes," said Guerchard.

"Of Lupin?" asked Mr. Formery.

"No, not of Lupin," said Guerchard.

Mr. Formery smiled, satisfied.

There came a loud knocking on the front door, the sound of excited voices on the stairs. The door opened, and Mr. Gournay-Martin came in. He took one look around the room, raised his hands toward the ceiling, and yelled. Then he started crying.

Germaine and Sonia came into the room. The Duke stepped forward to greet them.

"Do stop crying, Papa," said Germaine impatiently. "Why did you send us to the station last night when there was no train at nine? Was that a joke? How could you?"

she asked the Duke.

"I really don't know what you're talking about," said the Duke quietly. "Wasn't there a nine o'clock train?"

"Of course there wasn't," said Germaine. "The timetable was years old."

"I never thought to look at the date of the timetable," said the Duke. "It was stupid* of me not to look at the date."

"I said it was a mistake," said Sonia. "I know you wouldn't do something so unkind."

The Duke smiled at her.

"Well, all I can say is, it was very stupid of you not to look at the date," said Germaine.

"My pictures!" Germaine's father cried. "My wonderful pictures! They were unique! They were worth a hundred and

---

**stupid** 어리석은, 바보 같은

fifty thousand francs."

"I am truly sorry and upset at your loss," said Mr. Formery. "I am the head detective from the police station in Paris, Mr. Formery."

"It is a tragedy,* Mr. Formery!" cried the millionaire.

"Do not let it upset you too much," said Mr. Formery encouragingly.* "We shall find your masterpieces.* Only give us time."

The face of the millionaire brightened* a little.

"And, after all,* they have not stolen the coronet of the Princess of Lamballe," said Mr. Formery.

"No," said the Duke. "They have not touched this safe. It is unopened."

"What has that got to do with it?" growled the millionaire quickly. "That safe is empty. But the coronet never was in that safe. It was...have they entered my bedroom?"

"No," said Mr. Formery.

"Ah, then my mind is at rest* about that," said the millionaire. "The safe in my bedroom has only two keys. Here is one."

Mr. Gournay-Martin took a key from his coat pocket and held it out to them.

"And the other is in this safe," said the millionaire.

The face of Mr. Formery brightened with satisfaction.

"There, you see!" he cried triumphantly.

"See!" cried the millionaire. "I see that they have robbed me. Oh, my pictures! My wonderful pictures!"

---

**tragedy** 비극 **encouragingly** 격려하며 **masterpiece** 걸작 **brighten** 밝아지다, 환해지다 **after all** 결국 **at rest** 안심하는

Chapter 12

# The Theft of the Pendant

공작이 제르맹에게 준 펜던트가 없어지자
포르메리 형사부장과 게르샤르 경감은 저택 안에 있던 사람들을 심문한다.
게르샤르 경감은 소냐를 범인으로 의심하지만
눈치 빠른 공작이 형사들 몰래 그 물건을 빼돌린다.

They stood around the millionaire, watching him. Some people seemed to care more than others. Sonia snuck out of* the room.

"Be calm, Mr. Gournay-Martin," said Mr. Formery. "Be calm! We shall find your masterpieces!"

"Where is Guerchard?" asked the millionaire.

Mr. Formery presented* Guerchard to him.

"Do you have a clue?" asked the millionaire.

"I should like to know, Mr. Gournay-Martin, if there has ever been any other robbery at your house?" asked Guerchard.

"Three years ago this Lupin…," the millionaire began angrily.

"Yes, I know all about that earlier burglary," said Guerchard. "But have you been robbed since?"

"No, I haven't been robbed since that burglary," said the millionaire, "but my daughter has."

"Your daughter?" said Mr. Formery.

"Yes, I have been robbed two or three

---

sneak out of ~에서 살짝 달아나다  present 드러내다, 보이다

times during the last three years," said Germaine.

"This is very interesting, and most important," said Mr. Formery, rubbing his hands. "I suppose you suspect Mrs. Victoire?"

"No, I don't," said Germaine quickly. "It couldn't have been Mrs. Victoire. She didn't live with us when they occurred."

"You say, Miss, that these robberies began about three years ago?" asked Mr. Formery.

"Yes, I think they began about three years ago in August," replied Germaine.

"Well, it would be interesting to know which of your servants started working for you three years ago," said Mr. Formery.

"Mrs. Victoire has only been with us a year," said Germaine.

"Only a year?" said Mr. Formery. "What was stolen?"

"It was a pearl brooch,*" said Germaine. "It looked like the pendant the Duke gave me yesterday."

"Can I see the pendant?" said Mr. Formery.

"Certainly, show it to him, Jacques," said Germaine, turning to the Duke. "You have it, don't you?"

"Me? No," said the Duke in some surprise. "Haven't you got it?"

"I've only got the empty case," said Germaine.

"The empty case?" said the Duke, with growing surprise.

"One moment," said Mr. Formery. "Didn't you catch this young Bernard Charolais with this case in his hands, Your Grace?"

"Yes," said the Duke. "I caught him with

---

rub 문지르다, 비비다   occur 일어나다, 생기다   brooch 브로치

it in his pocket."

"He must have taken the pendant out of the case before you took it from him," said Mr. Formery triumphantly.

"No," said the Duke. "I checked the case after I took it from him. I opened the case and the pendant was there."

"It has been stolen!" cried the millionaire.

"Oh, no," said the Duke. "It hasn't been stolen. Irma, or perhaps Miss Kritchnoff, has brought it to Paris for Germaine."

"Sonia certainly hasn't brought it," said Germaine quickly.

"Then it must be Irma," said the Duke.

"We had better send for her and make sure," said Mr. Formery. "Officer, go and get her."

The police officer went out of the room, and the Duke questioned Germaine and her father about the journey. He learned that they had found a sleeping car on the train. The police officer came back with Irma. She looked frightened.*

"Oh, Irma…," Germaine began.

"Excuse me, I will talk to her," Mr. Formery said. "Miss Irma, did you bring the pendant, which the Duke gave to Miss Germaine, to Paris?"

"Me, sir?" said Irma. "No, sir."

"You're quite sure?" asked Mr. Formery.

"Yes, sir, I haven't seen the pendant," said Irma. "Didn't Miss Germaine leave it on the cabinet? I thought Miss Kritchnoff might have put it in her bag because I saw her standing by the cabinet."

"Ah, and the pendant was on the cabinet?" asked Mr. Formery.

"Yes, sir," said Irma.

There was a silence. Suddenly the atmosphere* of the room became

---

**frightened** 깜짝 놀란, 겁이 난  **atmosphere** 분위기, 주위의 상황

nervous.* Guerchard seemed to have become wide awake again. Germaine and the Duke looked at each other uneasily.

"How long have you been working for Miss Gournay-Martin?" asked Mr. Formery.

"Six months, sir," said Irma.

"Very good, thank you," said Mr. Formery. "You can go."

Irma went out of the room.

"Well, I will question Miss Kritchnoff," said Mr. Formery.

"We trust Miss Kritchnoff," said the Duke quickly.

"Oh, yes," said Germaine.

"How long has Miss Kritchnoff been working for you, Miss?" asked Guerchard.

"Just about three years," said Germaine.

"That's exactly the time at which the thefts began," said Mr. Formery.

"Yes," said Germaine.

"Ask Miss Kritchnoff to come here,"

said Mr. Formery.

"Yes, sir," said the police officer. Soon he came back. "Miss Kritchnoff will be here in a moment.* She was just going out."

The Duke looked nervous.

"She was going out?" said Mr. Formery.

"No, sir," said the police officer. "I mean that she was just asking if she could go out."

The door opened, and Sonia came in. She looked surprised. The Duke looked at her, and she looked away, shyly.

"Miss Kritchnoff, the pendant which the Duke of Charmerace gave Miss Gournay-Martin yesterday has been stolen," said Guerchard.

"Stolen?" said Sonia in a tone of surprise and anxiety. "Are you sure?"

"Quite sure," said Guerchard. "We

---

nervous 초조한, 불안한   in a moment 곧

believe that the thief has hidden the pendant in the travelling bag or trunk of somebody else."

"My bag is upstairs in my bedroom, sir," Sonia answered. "Here is the key."

In order to free her hands to take the key from her wrist bag,* she put her coat on the back of a couch. It fell to the ground at the feet of the Duke. While she was looking in her bag for the key, and all eyes were on her. The Duke picked up the coat. His hand went into the pocket of it. His fingers touched a hard object wrapped in tissue paper.* He secretly* took the object from her coat pocket and put it in his pocket.

Sonia found the key and held it out to Guerchard.

"There is no reason to search your bag," said Guerchard, shaking his head. "Do you have any other baggage?"

"Yes, my trunk," said Sonia. "It's upstairs in my bedroom, too."

"You were going out, I think," said Guerchard gently.

"I was asking to go out," said Sonia. "There is some shopping that must be done."

"You do not see any reason why Miss Kritchnoff should not go out, Mr. Formery, do you?" said Guerchard.

"Of course she can go out," said Mr. Formery.

Sonia turned around to go.

"One moment," said Guerchard. "You've only got that wrist bag with you?"

"Yes," said Sonia. "I have my money in it." And she held it out to him.

"No point in looking in that," said Guerchard.

---

**wrist bag** 손목에 걸어 드는 작은 가방 **tissue paper** 티슈페이퍼 **secretly** 비밀스럽게, 몰래

Sonia walked toward the door, turned, hesitated, came back to the couch, and picked up her coat.

"Let me put it on for you," Guerchard said to her.

"No, thank you," said Sonia. "I'm not going to put it on."

"No, but it's possible that you might have something in your pockets," said Guerchard.

He pointed to the pocket which had held the object.

"What kind of person do you think I am?" she cried.

"Really, Miss Sonia, there is no reason to be angry," said the Duke.

"Oh! But!" she looked at him, frightened.

"There isn't a reason for you to be frightened," the Duke told her.

Sonia let go of the coat, and Guerchard

put his hand into the pocket. It was empty. He was astonished.

"Nothing?" he mumbled below his breath.* "I'm truly sorry, Miss."

He handed the coat to her. Sonia took it and turned to go. She took a step toward the door and quietly walked out of the room.

"You made a mistake there, Guerchard," said Mr. Formery happily.

"I don't want anyone to leave the house unless I say they can," Guerchard said in a low voice.

"No one except Miss Kritchnoff, I suppose," said Mr. Formery, smiling.

"I especially don't want her to leave," said Guerchard quickly.

"I don't understand what you're saying," said Mr. Formery. "Do you suppose that

---

**below one's breath** 작은 목소리로, 소곤소곤

Miss Kritchnoff is Lupin in disguise? I think, gentlemen, we should look at all the bedrooms again and make sure nothing has been stolen."

"I was wondering how much longer we were going to waste time here talking about that stupid pendant," grumbled the millionaire.

Germaine and her father led the way. Mr. Formery, Guerchard, and the inspector followed them. At the door, the Duke stopped and closed it softly. He came back to the window, put his hand in his pocket, and took out the object wrapped in tissue paper.

He unfolded* the paper slowly and revealed the pendant.

Chapter 13

# *Lupin Wires*\*

소냐는 자신이 펜던트를 훔친 것을 공작에게 고백한다.
샤르메라스 공작은 소냐를 불쌍하게 여기고 집에서 탈출시키려고 한다.
게르샤르 경감은 뤼팽이 가져가려는 보관을 둔 금고에
이상이 있음을 알아낸다.

The Duke stared at the pendant, with his eyes full of wonder and pity.

"Poor little girl!" he said softly below his breath.

He put the pendant carefully away in his

---

unfold 펴다, 펼치다   wire 전보를 치다, 타전하다

pocket and stood staring thoughtfully out of the window.

The door opened softly, and Sonia came quickly into the room. She closed the door, and leaned back against it. Her face was a dead white. She stared at the Duke painfully.*

"I'm sorry!" cried Sonia. "I'm so sorry!"

"Guerchard suspects you," said the Duke. "It is dangerous for us to be talking here."

"No, no, we must talk now!" cried Sonia. "You must know… Germaine… she has everything. If I could, I'd take her fortune, too. Oh, I hate her!"

"Sonia…," said the Duke gently.

"Oh! I know that it's no excuse…," said Sonia. "It's true. I am a thief."

Sonia stopped, and her eyes glowed.* Her soft voice had become strong.

"But there's one thing you must believe,"

said Sonia. "Since I've known you, I have not stolen, except for yesterday. I could not bear\* it."

"I believe you," said the Duke seriously.

"Listen," said Sonia. "Have you ever been alone in the world? Have you ever been hungry?"

"Go on," said the Duke.

"There was one way I could make money," said Sonia. "I was going to starve.\* I was going to die. I met a man."

"What!" cried the Duke, angrily.

"I robbed him," she cried, and then she began to weep.\* "I began to steal to survive.\*"

"Poor child," said the Duke, softly.

She gazed at him with joy and sorrow.

He came slowly toward her but stopped. He heard someone walking toward the

---

**painfully** 고통스럽게  **glow** 빛을 내다, 빛나다  **bear** 참다, 견디다  **starve** 굶어 죽다  **weep** 울다, 흐느끼다  **survive** 살아남다

door.

"Quick!" cried the Duke. "Dry your eyes!"

She quickly changed her face and pretended to be calm. She had a lot of practice hiding her true feelings. She sat down on a couch. The Duke went to the window. Guerchard stood in the doorway.

"Well, Mr. Guerchard," he said. "I hope the burglars have not stolen the coronet."

"The coronet is safe, Your Grace," said Guerchard. "I was looking for you, Miss, to tell you that Mr. Formery has changed his mind. It is impossible for you to go out. No one will be allowed to* go out."

"Yes?" said Sonia.

"You must go to your room," said Guerchard. "Your meals will be sent up to you."

"Very well," she said coldly. "I will go to my room."

"Really, Mr. Guerchard...," said the Duke.

"Really, I'm very sorry, Your Grace," said Guerchard, "but we must be careful."

"Of course, you know best," said the Duke.

Guerchard went quietly out of the room.

Suddenly, the door flew open, and Mr. Gournay-Martin stood on the doorway waving a telegram* in his hand. Mr. Formery and the inspector came hurrying down the stairs behind him.

He read the telegram:

I am sorry I did not take the coronet. I was busy. I will come take it tonight between midnight and a quarter after twelve.

Yours,

*ARSENE LUPIN*

---

**be allowed to** ~하도록 허락 받다  **telegram** 전보

"Now we're really going to have trouble with Guerchard," said Mr. Formery to the others. "Nothing will convince* him now that this is not Lupin's work. If it was really Lupin, he would have stolen it already. Why would he try to steal it now that the police are here, waiting?"

Suddenly, the door of the safe opened, and Guerchard jumped out of it.

"What the devil!*" cried Mr. Formery.

"You'd be surprised how clearly you hear everything in these safes," said Guerchard, in his gentle voice.

"How on earth did you get into it?" cried Mr. Formery.

"Getting in was easy enough," said Guerchard, rubbing his elbow.* "It's the getting out that was hard."

"But how did you get into it?" cried Mr. Formery.

"The back of the safe was cut out," said

Guerchard. "Safes should always be kept against the wall. The backs are the weak part."

"Is the key to the safe upstairs there?" cried Mr. Gournay-Martin.

Guerchard went back into the empty safe, and searched in it. He came out, smiling.

"Well, have you found the key?" cried the millionaire.

"No. I haven't, but I've found something better," said Guerchard.

"What is it?" asked Mr. Formery sharply.

"I'll give you a hundred guesses," said Guerchard with a smile.

"What is it?" asked Mr. Formery impatiently.

"A little present for you," said Guerchard.

"What do you mean?" cried Mr.

Formery angrily.

"It's the card of Arsene Lupin," said Guerchard.

Chapter 14

# Guerchard Picks Up the True Scent*

게르샤르 경감은 뤼팽의 침입 경로를 추적한다.
그리고 그 경로가 굴뚝이었다는 사실을 밝혀낸다.
공작은 게르샤르 경감을 따라다니며 그의 수사를 지켜보기로 한다.

Mr. Gournay-Martin's butler appeared in the doorway of the living room.

"If you please, sir, lunch is served," he said.

"Good!" said Mr. Gournay-Martin. "Gentlemen, you will have lunch with me,

---

**scent** 냄새, 향기

I hope."

They went downstairs to the dining room and found a very big lunch waiting for them. Mr. Formery enjoyed himself. Germaine was in a bad mood. Guerchard ate and drank seriously. The Duke was happy as usual.

To Guerchard, the lunch seemed very long and very tedious,* but at last it came to an end.* While the other men rested, Guerchard snuck out of the room.

"I will continue watching you solve* this mystery, if I may, Mr. Guerchard," said the Duke as he followed him.

"I shall be charmed.* To tell the truth,* I enjoy your company,*" said Guerchard. "I think that Mr. Formery will give me half an hour. In that time, I shall know how they got the stuff out of the house."

"Please explain,*" said the Duke.

"The only people who came up that

ladder were the two men who brought it from the unfinished building," said Guerchard. "You can see their footsteps. Nobody went down it at all."

"But what about the footprint under the book?" said the Duke.

"Oh, that," said Guerchard. "One of the burglars sat on the couch there, rubbed plaster on his boot, and put his foot down on the carpet. Then he dusted* the rest of the plaster off his boot and put the book on the top of the footprint."

"Now, how do you know that?" said the astonished Duke.

"There must have been several burglars to move the pieces of furniture," said Guerchard. "If the soles* of all of them had been covered with plaster, it would have been impossible to clean it all off the carpet."

"I understand," said the Duke.

"So how was the furniture taken out of the room?" said Guerchard. "They didn't make enough noise for it to be brought down the stairs. Also, if they took it onto the street, the police would have seen them. There is only one other way."

"The chimney!" cried the Duke.

"Yes!" said Guerchard.

"But I don't understand why Mrs. Victoire was in the chimney," said the Duke.

As he spoke, he went to the fireplace. Both men stepped into the fireplace with a lantern. Guerchard pushed on the wall. Some of the bricks fell down to reveal an opening.* The light came flooding in through the hole.

"Come along," he said to the Duke and

disappeared through it.

The Duke climbed through. He came into a large empty room of the exact size and shape of the living room of Mr. Gournay-Martin. The opening had led to the house next door.

"It is amazing that these robbers were shameless* enough to make a hole big enough to fit the furniture through," said Guerchard. "This has all been prepared a long while ago."

"I tell you what," said the Duke. "Could the furniture still be in this house?"

"Oh, no!" said Guerchard. "The furniture was taken straight out into the side street* on to which this house opens."

He led the way out of the room and went down the dark staircase into the hall. He opened the shutters of the hall

---

**opening** 입구  **shameless** 파렴치한, 뻔뻔스러운  **side street** 옆길, 옆 골목

windows and let the light in. The dust lay thick on the tiled floor. There were many footprints in the dust. They also found flower petals.*

"These are new!" said the detective. "What flowers are these?"

"Salvias,*" said the Duke.

"Salvias they are," said Guerchard. "There is only one gardener in France who has ever succeeded in getting this shade* of pink. He is Mr. Gournay-Martin's gardener at Charmerace's."

"The Charolais," said the Duke.

"It looks like it," said Guerchard. "Unless I'm very much mistaken, they came in by the front door of Mr. Gournay-Martin's house."

"Of course," said the Duke. "They brought the keys from Charmerace's."

"Yes, but who opened the second locks for them?" said Guerchard. "The butler turned the second lock before he went to bed. He told me so."

"You mean that they had help?" asked the Duke.

"Maybe," said Guerchard. "We don't know yet. I won't search the whole house myself. I just want to search the steps."

So saying, he opened the front door and went out and studied the steps carefully.

"We shall have to go back the way we came," he said. "The living room door is locked."

They went back up the stairs, through the opening, into the living room of Mr. Gournay-Martin's house.

"Guerchard!" cried Mr. Formery. "Why don't you let me in?"

Guerchard unlocked the door, and in bounced* Mr. Formery, very red in the

---

**flower petal** 꽃잎, 화판  **salvia** 샐비어, 깨꽃  **shade** 색조  **bounce in** 뛰어 들어오다

face.

"What on earth have you been doing?" he cried. "Why didn't you open the door when I knocked?"

"I didn't hear you," said Guerchard. "I was following where the burglars really went."

# The Examination* of Sonia

게르샤르 경감은 소냐를 의심하고
목걸이 도난은 물론 뤼팽과의 관련성까지 조사하려고 한다.
공작은 소냐를 보호하기 위해 조치를 취한다.

The Duke went to find Mr. Gournay-Martin in his room. The Duke found him lying on the bed. He looked depressed.

"The coronet is lost," he said finally.

"What!" said the Duke. "Already?"

---

**examination** 심문, 조사

"No, it's still in the safe," said the millionaire.

"Are you sure it's there now?" asked the Duke.

"Look for it yourself," said the millionaire, taking the key for the safe from his coat pocket and handing it to the Duke.

The Duke opened the safe. The case which held the coronet lay on the middle shelf in front of him. He looked at the millionaire and saw that he had closed his eyes. The Duke opened the case, took out the coronet, and looked it over carefully. He put it back in the case.

"This emerald looks really dull,*" the Duke said to the millionaire. "Maybe you should put a new one in."

"Oh, no," said the millionaire. "You should never alter* something so old. It makes it worth less money."

The Duke closed the case, put it back on the shelf, and locked the safe. He handed the key to the millionaire. Then he walked across the room and looked down into the street.

"I think I'll go home and change my clothes," he said slowly.

"You can't leave me alone like this!" cried the millionaire.

"Oh, you have Guerchard, Formery, and four other detectives, and six ordinary police officers guarding you," said the Duke. "I will only be gone for a half an hour."

"Well, if you must, you must," said Mr. Gournay-Martin.

"Goodbye for the present, then," said the Duke. And he went out of the room and down the stairs. He was about to leave.

---

**dull** 분명하지 않은, (색이) 탁한  **alter** 변경하다, 바꾸다

"Pardon me, sir, but did Mr. Guerchard allow you to leave the house?" asked the police officer at the door.

"What does Mr. Guerchard have to do with me?" cried the Duke. "I am the Duke of Charmerace." And he opened the door.

"It was Mr. Formery's orders, Your Grace," answered the police officer, doubtfully.*

"Mr. Formery's orders?" said the Duke, standing on the top step. "Call me a taxi, please."

The butler, who stood beside the police officer, called a taxi. A taxi came up to the door, the Duke went down the steps, stepped into it, and drove away.

Three-quarters of an hour later, he came back, having changed into more comfortable clothes. He went up to the living room, and there he found Guerchard, Mr. Formery, and the inspector. They had just looked through the house next door and had not found any of the stolen treasures. They told the Duke that they had found no clues about the burglars there.

Mr. Formery has many odd ideas about what might have happened. The Duke listened, bored. In the middle of one of Mr. Formery's more complicated explanations, the telephone bell rang.

Guerchard answered it.

"I asked to talk to the gardener at Charmerace's, but I suppose he went out for the day," he told the others after he finished talking.

Mr. Formery continued talking. Presently* Guerchard asked the inspector to check if Mrs. Victoire was awake. He went to her room and returned. She was

---

**doubtfully** 의심하며, 망설이면서   **presently** 이윽고, 곧

still sleeping.

"Well, then, Mr. Formery, I think we should talk to Miss Kritchnoff again," said Guerchard. "Will you go and get her, officer?"

"Really, I cannot understand why you should worry that poor child," said the Duke.

"Excuse me," said Guerchard, looking at the Duke. "It is our duty* to question her fully. I think that we had better question Miss Kritchnoff by ourselves."

"Certainly," said the Duke, a little angrily. He went out of the room.

"Now you mustn't be frightened, Miss Sonia," he said to Sonia outside. "You mustn't let them confuse* you."

"Thank you, Your Grace," said Sonia.

The Duke went on up the stairs and waited. At last, at the end of half an hour, which had seemed to him months long, he heard voices. He saw the inspector and Sonia.

"Well, Miss Sonia, are you okay?" the Duke asked her.

"It was horrible," she said faintly.*

"It's over now," said the Duke. "You had better lie down and rest."

She went into her room. Then he went upstairs to the living room. Mr. Formery was writing at the table. Guerchard stood beside him.

"Well, Mr. Formery, did Miss Kritchnoff give you any new information*?" asked the Duke.

"No, but Mr. Guerchard seems to have a different opinion," said Mr. Formery. "But I think that even he realizes that Miss Kritchnoff is not a friend of Arsene Lupin."

---

**duty** 임무   **confuse** 혼동시키다, 헷갈리게 하다   **faintly** 희미하게, 어렴풋이
**information** 정보

"Surely you never thought that Miss Kritchnoff had anything to do with Arsene Lupin?" asked the Duke.

"I never thought so," said Mr. Formery.

"But what about those other thefts?" said Guerchard. "There's always the pendant. I believe that the pendant is in the house. I have a feeling that if I could find who has it, I would have the key to this mystery."

The Duke smiled.

# Chapter 16

# Mrs. Victoire's Mistake

기절해 있던 빅투아르가 잠에서 깨어난다.
게르샤르 경감은 빅투아르가 뤼팽을 도왔다고 의심하고 심문한다.
빅투아르는 혐의를 부인하지만 주머니에서 분필이 발견된다.
뤼팽이 벽에 이름을 남긴 것과 같은 분필이다.

"I saw that you had changed your clothes, Your Grace," said Guerchard. "I thought that you had done it here."

"No, I went home," said the Duke. "The police officer asked me not to, but I went anyway."

"We should respect the law," said Mr.

Formery.

"I am a Duke," said the Duke, smiling at him. "I don't need to follow the same laws."

Mr. Formery shook his head sadly.

"If the burglars had that opening in the fireplace, why would they go through the front door?" the Duke asked the detective. "Why would they need someone to let them in?"

"Perhaps they had no need to use the front door," said Guerchard. "Maybe they just unlocked it to confuse us. Also, maybe they didn't make the opening yet when they entered through the front door. I think they made it after they came in the front."

"Perhaps you're right," said the Duke. "But who helped them?"

There came a knock at the door. The butler told the Duke that Germaine had returned from her shopping and was waiting to talk with him. He went to her, and tried to convince her to make Guerchard leave Sonia alone.

Germaine said she would not help Sonia. So the Duke began to annoy her about wedding presents. Finally, she told him to go away, and he left the room. He waited with Guerchard and Formery. Police officers were still searching the house and for the stolen cars.

At about five o'clock, Guerchard grew bored and went out himself to help the other police officers. The Duke spent his time watching Germaine with her friends.

At half past seven, Guerchard had not returned. Mr. Gournay-Martin was entertaining* guests in the dining room. The millionaire was enjoying telling his

---

**entertain** 대접하다, 환대하다

guests about how unhappy he was. Soon, the Duke snuck away from them, and found the detective.

"Well, Mr. Guerchard," he said cheerfully to the detective. "Have any of your men found any clues?"

"No, Your Grace," said Guerchard. "The robbers must have very quickly put the stolen things in a vehicle* and taken them away."

"Is Mr. Formery coming back?" asked the Duke.

"Not tonight," said Guerchard.

"You must be happy," said the Duke.

"Oh, no," said Guerchard. "I'm used to Mr. Formery…."

The door opened and Bonavent, the detective, came in.

"The housekeeper's awake, Mr. Guerchard," he said.

"Good," said Guerchard. "Bring her

down here."

Bonavent left the room. The Duke sat down in an easy chair, and Guerchard stood in front of the fireplace. The door opened, and Bonavent brought Mrs. Victoire in. She was a big, middle-aged woman, with a pleasant face, black-hair, and sparkling brown eyes.

"How many burglars were there, Mrs. Victoire?" asked Guerchard.

"Dozens!" said Mrs. Victoire. "I heard the noise. I came downstairs. One of them jumped on me from behind and nearly choked* me."

"Did you see their faces?" asked Guerchard.

"No, I wish I had," said Mrs. Victoire.

"You went to sleep in your room," said Guerchard. "Did you hear any noise on

---

**vehicle** 탈것, 차　**choke** 질식시키다, 숨 막히게 하다

the roof?"

"No, the noise I heard was down here," said Mrs. Victoire.

"And were you tied up at the bottom of the stairs or in this room?" asked Guerchard.

"They pushed me in here and tied me up here," said Mrs. Victoire. "It took four of them. I fought them the whole time!"

"I'm sure you did," said Guerchard, happily. "And, I suppose, while those four were tying you up, the others stood around and watched."

"Oh, no," said Mrs. Victoire. "They were far too busy for that."

"What were they doing?" asked Guerchard.

"They were taking the pictures off the walls and carrying them out of the window down the ladder," said Mrs. Victoire.

"Did the man who took a picture from

the walls carry it down the ladder himself?" he asked. "Or did he hand it through the window to a man, who was standing on the top of the ladder, ready to receive it?"

"Oh, he got through the window," said Mrs. Victoire. "And he carried it down the ladder himself."

"Where were you when you came into the room?" asked Guerchard.

"I was against the door," said Mrs. Victoire.

"And where was the screen*?" asked Guerchard. "Was it in front of the fireplace?"

"No," said Mrs. Victoire. "It was on the left-hand side."

"Oh, will you show me exactly where it stood?" said Guerchard. "I must have the exact position of the four feet of that

---

**screen** 휘장, 막

screen. I need some chalk. You have some, right?"

"Oh, yes," said Mrs. Victoire. "I sometimes make a dress for one of the maids in my spare time.*"

"Then you've got a piece of chalk on you," said Guerchard.

"Oh, yes," said Mrs. Victoire, putting her hand to the pocket of her dress. "What am I talking about?" she mumbled with a nervous voice. "I don't have chalk. I used it all yesterday."

"I think you have, Mrs. Victoire," said Guerchard. "Feel in your pocket and see."

Suddenly, Guerchard jumped at her, caught her and put his hand into her pocket.

"Let me go!" Mrs. Victoire cried. "You're hurting me."

"What's this?" Guerchard said and he held up a piece of blue chalk.

"Well, so what?" Mrs. Victoire cried. "It is chalk."

Guerchard went to the door and called Bonavent. Bonavent came in.

"When the prison van* comes, put this woman in it, and send her down to the station," said Guerchard.

"But what have I done?" cried Mrs. Victoire. "I'm innocent*! I've done nothing at all."

"You can explain it to the police at the station," said Guerchard.

Mrs. Victoire looked him in the eyes and then went quietly out of the room.

---

in one's spare time 여가 시간에, 남는 시간에   van 유개 운반차   innocent 죄 없는, 결백한

Chapter 17

# Sonia's Escape

게르샤르 경감은 뤼팽 일당의 이동 경로를 알아낸다.
경감이 소냐에 대한 의심을 풀지 않자
공작은 소냐를 탈출시킬 방법을 모색한다.

"The chalk?" said the Duke. "Is it the same chalk?"

"It's blue," said Guerchard, holding it out. "It's the same color as that of the signatures* on the walls."

"It is rather a surprise," said the Duke. "She looks like the most honest woman in the world."

"Ah, you don't know Lupin, Your Grace," said Guerchard. "He can do anything with women, and they'll do anything for him."

"I'm actually sorry for that woman, Mrs. Victoire," said the Duke. "She looks like such a good soul."

"The prisons are full of good souls," he said. "They get caught so much more often than the bad."

"It seems rather mean* of Lupin to make use of* women like this and get them into trouble,*" said the Duke.

"But he doesn't," said Guerchard. "At least he hasn't up to now. This Mrs. Victoire is the first we've caught. By the way,* if you don't mind, I want you to carry this card. This card will allow you to

---

signature 서명  mean 비열한, 심술궂은  make use of ~을 이용하다  get ~ into trouble ~을 궁지에 빠뜨리다  by the way 그런데

enter and leave the house if you show it to the police officers."

There came a knock at the door, and a tall, thin, bearded* man came into the room.

"Ah, Dieusy!" cried Guerchard. "At last! What news?"

"I've learned that a van was waiting outside the next house in the side street," he said.

"At what time?" asked Guerchard.

"Between four and five in the morning," said Dieusy.

"Who saw it?" said Guerchard.

"A beggar," said Dieusy.

"Then they covered the opening between the two houses before they loaded* the van," said Guerchard, thoughtfully. I thought they would. Anything else?"

"A few minutes after the van had gone, a man in driving clothes came out of the house," said Dieusy.

"In driving clothes?" said Guerchard, quickly.

"Yes, and a little way from the house he threw away a candy wrapper,*" said Dieusy. "Here it is."

"Your Grace, I saw you eating this candy earlier," said Guerchard. "Do you have this candy at Charmerace's?"

"Oh, yes," said the Duke. "I have a box on most of the tables."

"Well, there you are," said Guerchard.

"You mean that one of the Charolais must have taken a candy," said the Duke. "And Lupin is one of the Charolais."

"We can't say that yet," said Guerchard.

"I would like to see this man!" said the Duke.

"We shall see him tonight," said

---

**bearded** 턱수염을 기른  **load** (짐을) 싣다, 적재하다  **wrapper** 포장지

Guerchard. "He will come to steal the coronet between a quarter to twelve and midnight."

"Never!" said the Duke. "You don't really believe that he'll actually do that?"

"Ah, you don't know this man, Your Grace," said Guerchard, and he hesitated before speaking again. "You've followed the scent with me, Your Grace. We've picked up each clue together. You've almost seen this man at work. You've understood him."

"Perhaps you're right," said the Duke.

"And did the beggar follow the man in the driving clothes?" Guerchard turned to Dieusy and said.

"Yes, he followed him for about a hundred yards," said Dieusy. "He went down into Sureau Street and turned west. Then a car came along. He got into it and went away."

"What kind of a car?" asked Guerchard.

"A big, dark red car," said Dieusy.

"That's the stolen car!" cried the Duke.

"Well, off you go," said Guerchard. "Now that you've got started, you'll probably get something else before very long."

"You seem to have all the possible information you want at your fingers," said the Duke.

Then Germaine's maid, Irma, came into the room.

"If you please, Your Grace, Miss Kritchnoff would like to speak to you for a moment," she said.

"Oh?" said the Duke. "Where is she?"

"She's in her room, Your Grace," said Irma.

"Oh, very well," said the Duke. "I'll go up to her. I can speak to her in the library."

He rose and was going toward the

door when Guerchard stepped forward, stopping him.

"No, Your Grace," he said.

"No?" said the Duke. "Why not?"

"Wait a minute or two till I've had a word with you," said Guerchard. He took a folded sheet of paper from his pocket and held it up.

"Tell Miss Kritchnoff that I'm in the living room," he said to Irma. "I'll be busy for five minutes."

"Yes, Your Grace," said Irma, and she went out of the door.

"Ask Miss Kritchnoff to put on her hat and cloak," said Guerchard.

"Yes, sir," said Irma, and she went.

"I don't understand," said the Duke.

"I got this from Mr. Formery," said Guerchard, holding up the paper.

"What is it?" asked the Duke.

"It's a paper for her arrest," said Guerchard.

"Oh, it's impossible," said the Duke.

"Her answers to my questions were strange," said Guerchard. "I suspect* she is hiding something."

"And you've decided to arrest her?" said the Duke slowly.

"I'm going to do it now," He looked at his watch. "The prison van should be waiting at the door. She and Mrs. Victoire can go together."

"She is like a child who has lost its way...," said the Duke. "And that poor little hiding place* she found...that handkerchief*...thrown down in the corner of the little room in the house next door...."

"What!" cried Guerchard, surprised. "A handkerchief!"

"She is so clumsy,*" said the Duke.

---

**suspect** 의심하다  **hiding place** 은신처  **handkerchief** 손수건  **clumsy** 어설픈, 어색한

"What was in the handkerchief?" asked Guerchard. "The pearls of the pendant?"

"Yes. I supposed you knew all about it," said the Duke. "Of course, Mr. Formery left a message for you."

"No, I've heard nothing about it," said Guerchard.

"You were out of the house when he found it," said the Duke. "She must have snuck out of her room soon after you went."

"Mr. Formery found a handkerchief belonging to Miss Kritchnoff," said Guerchard. "Where is it?"

"Mr. Formery took the pearls, but he left the handkerchief," said the Duke. "I suppose it's in the corner where he found it."

"He left the handkerchief?" said Guerchard. He ran to the fireplace, grabbed the lantern, and began lighting it.

"Where is the handkerchief?" he cried. "Now you've given me a way to show that she did something wrong! Therefore she's helped the thieves," said Guerchard, triumphantly.

"What?" cried the Duke. "Do you think that, too? Shall I come with you? I know where the handkerchief is."

"No, thank you, Your Grace," said Guerchard. "I prefer to go alone."

"You'd better let me help you," said the Duke.

"No, Your Grace," said Guerchard, firmly.*

"Just as you like," said the Duke.

The Duke listened to the detective climb through the opening. Bonavent was sitting on the chair on which the young police officer had sat during the afternoon. Sonia,

---

**firmly** 확고하게, 단호하게

in her hat and coat, was halfway down the stairs.

The Duke put his head inside the living room door.

"Here is Miss Kritchnoff, Mr. Guerchard," he said to the empty room. He held open the door. Sonia came down the stairs and went through it. The Duke followed her into the living room and shut the door.

"Guerchard is going to arrest you," said the Duke. "You must go."

"But how can I go?" said Sonia. "No one can get out of the house. Mr. Guerchard won't let them."

"We can get over* that," said the Duke.

He ran to Guerchard's cloak. He took the card case* from the pocket, went to the writing table, and sat down. He took from his coat pocket the card, which Guerchard had given him, and a pencil. Then he took a card from the card case and began to write a copy* of his card. He wrote:

**Pass Miss Kritchnoff.**
*J. GUERCHARD*

"Now, you must get out of the house quickly," said the Duke. "Show this card to the detectives at the door. If I haven't telephoned to you before half past eight tomorrow morning, come straight to my house."

"Yes, yes," said Sonia.

The Duke kissed her softly. He let her go, and she left the house.

---

**get over** 극복하다　**card case** 명함 통　**copy** 복사본

## Chapter 18

# The Duke Stays

소냐가 저택에서 나갔다는 것을 알고
게르샤르 경감은 당황하며 부하 형사들에게 화를 낸다.
구르네 마르탱은 경감에게 보관을 맡기고 호텔로 피신하고
공작은 게르샤르 경감과 저택에 남기로 결정한다.

The Duke shut the door and leaned against it, listening anxiously. Then Guerchard came down the steps and out of the fireplace.

"I can't understand it," he said. "I found nothing."

"Nothing?" said the Duke. "If I were

you, I would go back and look again."

"No," said Guerchard, worried. "There's no need for me to look a second time. But it's funny."

"It is uncommonly* funny," said the Duke, with a smile.

Guerchard looked at him, and then he rang the bell.

Bonavent came into the room.

"Get Miss Kritchnoff, Bonavent," said Guerchard. "It's time that she is taken to the police station."

"Miss Kritchnoff has gone, sir," said Bonavent.

"Gone!" cried Guerchard. "But who let her go?"

"The men at the door," said Bonavent.

"The men at the door?" said Guerchard. "Bring me those fools!"

---

uncommonly 매우, 특별하게

Bonavent went to the top of the staircase and called them. Two detectives soon came into the living room.

"Why did you let Miss Kritchnoff leave the house without my card?" asked Guerchard.

"But she had your card, sir," said one of the detectives.

"She did?" said Guerchard. "Someone made a copy*!"

He stood thoughtful for a moment. Then quietly, he told his two men to go back to their places. Then he came back slowly into the living room and looked nervously* at the Duke.

"Well?" said the Duke. "Did you send that poor child to prison?"

"That poor child has just escaped," said Guerchard.

"I am glad to hear that!" cried the Duke. "She was such a child!"

"Not too young to be Lupin's helper," said Guerchard.

Guerchard ran into the living room. He found his cloak, picked it up, took the card case out of the pocket. He counted* the cards in it. Then he looked at the Duke.

The Duke smiled at him.

He put the card case into the pocket of the coat he was wearing.

"Bonavent!" he cried.

Bonavent opened the door and stood in the doorway.

"You sent Mrs. Victoire in the prison van, I suppose," said Guerchard.

"Oh, a long while ago, sir," said Bonavent. "The van had been waiting at the door since half past nine."

"Since half past nine?" said Guerchard. "But I told them not to come until eleven."

---

**make a copy** 복사하다  **nervously** 신경질적으로, 초조하게  **count** 수를 세다

"Then I suppose I'd better send the other prison van away?" said Bonavent.

"What other van?" said Guerchard.

"The van which has just arrived," said Bonavent.

"What?" cried Guerchard, with sudden anxiety.* "When you sent Mrs. Victoire away, did you see the police driving it?"

"Yes, sir," said Bonavent.

"Did you recognize them?" asked Guerchard.

"No," said Bonavent.

"You silly fool!" cried Guerchard. "You've sent Mrs. Victoire away in a fake prison van that belongs to Lupin. How did he learn about when Mrs. Victoire woke up and when she would leave? I have guards everywhere. Go upstairs and search Mrs. Victoire's room again!"

Bonavent went off quickly.

"I'm always saying to my men, 'Suspect

everything,'" said Guerchard.

The telephone bell rang, and he rose and went to it.

"Yes, it's Chief-Inspector Guerchard," he said.

He turned and said to the Duke, "It's the gardener at Charmerace's, Your Grace."

"Is it?" said the Duke, bored.

"Hello," Guerchard said into the telephone. "I want to know who was in your hothouse* yesterday. Who could have gathered* some of your pink salvias?"

"I told you that it was I," said the Duke.

"Yes, yes, I know," said Guerchard. And he turned again to the telephone. "Yes, yesterday. There was no one there but the Duke of Charmerace? Thank you."

Guerchard looked at him. Then the door opened, and Bonavent came in.

---

**with anxiety** 걱정스럽게  **hothouse** 온실, 온상  **gather** 모으다, 수집하다

"I've been through Mrs. Victoire's room," he said. "I found a prayer book.*"

"What about it?" said Guerchard.

"There's a photograph in it," said Bonavent.

The photograph showed Mrs. Victoire in her church clothes, and with her was a boy, around seventeen years old. Guerchard stared at the boy. His eyes kept secretly moving from the photograph to the face of the Duke.

"What's the matter?" asked the Duke.

"Oh, nothing," said Guerchard.

Mr. Gournay-Martin came quickly up the stairs. Germaine followed more slowly.

"My father is going to the Ritz hotel to sleep," said Germaine. "And I'm going with him."

"You don't really believe that Lupin is coming tonight?" said the Duke, with a laugh.

"There's no harm in being on the safe side," said Germaine.

She ran up the stairs, and the Duke went into the living room. He found Guerchard standing where he had left him, still thinking hard.

The door opened, and in came Mr. Gournay-Martin, holding a bag in his hand.

"There's no reason to go," said the Duke. "Why are you going?"

"Danger," said Mr. Gournay-Martin.

"Oh, you can have a dozen police officers in the room if you like," said the Duke.

"Certainly," said Guerchard. "You will be in no danger, Mr. Gournay-Martin."

"Thank you," said the millionaire. "But being outside is good enough for me."

---

**prayer book** 기도서

Germaine came into the room, ready to go.

"For once,* you are ready first, Papa," she said. "Are you coming, Jacques?"

"No," said the Duke. "I think I'll stay here."

"Well, even if he does come, he won't find the coronet," said Mr. Gournay-Martin, in a tone of triumph. "I'm taking it with me. I've got it here." And he held up his bag.

"If Lupin's really decided to take that coronet, and if you're so sure that he will try, it seems to me that you're in danger," said the Duke. "He asked you to have it ready for him in your bedroom. He didn't say which bedroom."

"I never thought of that!" said Mr. Gournay-Martin. He took out his keys and unlocked the bag. He opened it, hesitated, and closed it again. "I want to talk with you, Duke."

He led the way out of the living room door, and the Duke followed him. He shut the door.

"I suspect everybody," he said.

"Everybody suspects everybody," said the Duke. "Are you sure you don't suspect me?"

"There is no time for joking," said the millionaire impatiently. "Do you think I can trust Guerchard?"

"Oh, I think so," said the Duke. "Besides,* I shall be here to look after Guerchard."

"Very good," said the millionaire. "I'll trust him."

When the millionaire and the Duke left the room, Guerchard showed the photograph of Mrs. Victoire to Germaine.

---

**for once** 이번에는  **besides** 게다가

"Do you know this photograph of His Grace, miss?" he said quickly.

Germaine took the photograph and looked at it.

"I seem to know the face of the woman," said Germaine. "But if it's ten years old, it certainly* isn't the photograph of the Duke."

"But it's like him?" asked Guerchard.

"Oh, yes, it's like the Duke as he is now," said Germaine. "But it's not like the Duke as he was ten years ago. He has changed so."

"Oh, has he?" said Guerchard.

"Yes," said Germaine. "After his journey to the South Pole, he became ill. The doctors gave up on* him."

"Oh, did they?" said Guerchard.

"But his health is good now," said Germaine.

The door opened, and the millionaire

and the Duke came into the room.

"There is danger, Mr. Guerchard, so I am going to trust the coronet to you." Mr. Gournay-Martin hesitated. Then he handed the coronet to Guerchard. "I trust you, Mr. Guerchard."

"I think I'll change my mind and go with you," said the Duke. "I need sleep. Good night, Mr. Guerchard."

"You're going, too, Your Grace?" asked Guerchard.

"Why, you don't want me to stay, do you?" said the Duke.

"Yes," said Guerchard slowly.

"I think I would rather* go to bed," said the Duke.

"Are you afraid?" said Guerchard.

"You've certainly found the way to make me stay, Mr. Guerchard," said the Duke.

---

**certainly** 확실하게, 분명하게   **give up on** ~을 단념하다   **would rather** 차라리 ~하겠다

"Yes, stay," said Mr. Gournay-Martin hastily.*

Germaine and her father left the house. The Duke looked at his watch.

"Another twenty minutes," he said.

Chapter 19

# The Duke Goes

소냐의 탈출에 이성을 잃은 게르샤르 경감은
마침내 공작이 뤼팽이라고 의심하는 자신의 속내를 드러낸다.
공작은 자신이 뤼팽이라는 것을 부인하고
경감을 약 올리며 비웃는다.

When Guerchard joined the Duke in the living room, he looked nervous. He kept staring at the Duke's face.

"Why did it take you all night to drive here?" asked Guerchard.

---

**hastily** 급하게, 서둘러서

"My car broke down, and I had to fix* it," replied the Duke.

"And there was nobody there to help you repair it?" said Guerchard.

"Not a soul," said the Duke.

"All this is very curious," he said in a stronger voice than before.

"What?" said the Duke.

"Everything: your candy, the salvias, the photograph that Bonavent found in Mrs. Victoire's prayer book, that man in driving clothes, and finally, the breakdown* of your car," said Guerchard. "Well, the coronet, is it in this case?" he said in a shaky* voice and put the case on the table.

"Of course it is," said the Duke impatiently.

Guerchard opened the case, and the coronet sparkled.

The Duke sat down in a chair by the table. Guerchard sat down in a chair on the other side of it. They were silent.*

"Somebody's coming," said the Duke.

"No, I don't hear anyone," said Guerchard.

Then there came the sound of footsteps and a knock at the door.

Bonavent came in.

"I've brought you the handcuffs,* sir," he said, holding them out. "Shall I stay with you?"

"No," said Guerchard. "You've two men at the back door, and two at the front, and a man in every room on the first floor?"

"Yes, and I've got three men on every other floor," said Bonavent.

"And the house next door?" asked Guerchard.

"There are a dozen men in it," said Bonavent.

Guerchard watched the Duke's face.

---

fix 수리하다, 고치다  breakdown 고장, 파손  shaky 떨리는  silent 조용한, 소리 없는  handcuffs 수갑

"If anyone tries to enter the house, catch him," said Guerchard strongly. "If you need to, fire on him. Go and tell the others."

"Very good, sir," said Bonavent, and he went out of the room.

"Lupin will never be able to get into this room at all," said the Duke.

"He'll find it pretty hard," said Guerchard, smiling.

"Unless you're Arsene Lupin," said the Duke.

"You could be him, too," said Guerchard.

They both laughed. The Duke rose, yawned, and picked up his coat and hat.

"I'm off to bed," said the Duke.

"What?" said Guerchard.

"Well, I was staying to see Lupin," said the Duke, yawning again. "But now there is no chance of seeing him."

"We shall see him," said Guerchard.

"He's already here, Your Grace."

"Where?" asked the astonished Duke. "As one of your men?"

"I don't think so," said Guerchard, watching him closely.*

"Well, then we will see him," said the Duke triumphantly, and he put down his hat on the table beside the coronet.

"I hope so," said Guerchard. "But will he dare to*?"

"What do you mean?" asked the Duke.

"An hour ago, perhaps, Lupin was determined to* enter this room, but is he now?" asked Guerchard.

Guerchard's voice had changed. He sounded anxious, but he also sounded like he was challenging* the Duke. His anxious, challenging eyes burned on the face of the Duke.

---

closely 자세하게, 면밀하게  dare to 감히 ~하다  be determined to ~하기로 결심하다  challenge 도전하다

The Duke looked at him curiously.

"Well, you should know better than I do," said the Duke. "You have known him for ten years."

"Yes, and I know his way of acting too." He said, smiling. "During the last ten years, I have learned his games. Instead of hiding, as you'd expect, he attacks* his enemy.* He confuses him."

"It interests me so much," said the Duke.

"But this time I see his way clearly," said Guerchard. "No more tricks, and no more secret paths. We're fighting in the light of day."

They looked each other in the eyes for a long time.

"However, he has done some things which aren't half bad," said the Duke, with his old charming smile.

"Oh, has he?" said Guerchard.

"Yes, one must be fair,*" said the Duke

in a gentle, annoying voice. "Last night's burglary was pretty skillful.* And there was the time when he pretended to be Guerchard. Do you remember that?"

"No," growled Guerchard. "But he has done better than that, lately."

"What?" said the Duke.

"What about the time he convinced everyone he was Duke of Charmerace?" said Guerchard.

"What!" cried the Duke. "Did he do that?"

"It would have been interesting if you actually married that girl," said Guerchard more calmly.

"He could have," said the Duke; and he threw out his hands. "But how could Lupin get married?"

"A large fortune," said Guerchard.

---

**attack** 공격하다, 습격하다  **enemy** 적  **fair** 공정한, 공평한  **skillful** 솜씨 있는

"He must be in love with someone else," said the Duke.

"A thief, perhaps... What a fall!" said Guerchard, in a teasing* voice. "You could have married that girl and gotten a millionaire's fortune! Instead, you decided to steal from him again and chase the girl you really love. But you have failed, and you will spend the night in prison!"

"Have you finished?" said the Duke calmly. "You're frightened."

"Frightened!" cried Guerchard.

"Yes, you're frightened," said the Duke. "I am the Duke of Charmerace."

"You lie!" cried Guerchard. "You escaped from the Sante prison four years ago. You are Lupin! I recognize you now."

"I am the Duke of Charmerace," said the Duke.

Guerchard laughed wildly.*

"Don't laugh," said the Duke. "Can you

arrest me? You can arrest Lupin. But you can't arrest the Duke."

"Scoundrel*!" cried Guerchard, furious.*

"Well, do it," teased the Duke. "Everyone will laugh at you. You can't prove* I'm Lupin."

"Oh, if only somebody could hear you!" cried Guerchard.

"Mr. Formery told you the truth when he said that, when it comes to Lupin, you lose your head,*" said the Duke.

"Still, the coronet is safe tonight!" cried Guerchard.

"Wait," said the Duke slowly. "Do you know what's behind that door?"

"What?" cried Guerchard and he jumped and turned to look at the door. Nothing was there.

---

**teasing** 짓궂게 괴롭히는, 들볶는  **wildly** 요란하게, 난폭하게  **scoundrel** 악당, 건달  **furious** 노하여 펄펄 뛰는  **prove** 증명하다, 입증하다  **lose one's head** 흥분하다, 이성을 잃다

"As the hand of that clock moves nearer and nearer midnight, you will grow more and more terrified," cried the Duke. "Attention*!"

Guerchard jumped.

"Oh, you fear what will happen at midnight," said the Duke. "Something terrible must happen at midnight."

The Duke was not smiling. His voice and eyes were terrifying and powerful.

"My men are outside. I have a gun...," said Guerchard.

"Remember that it is always at the moment at which you are going to triumph* that he beats you!" said the Duke.

"Say that you are Lupin," grumbled Guerchard.

"I thought you were sure of it," said the Duke.

"I don't know what stops me, my boy,"

he said while holding the handcuffs.

"Don't call me 'my boy,'" said the Duke. "If I'm Lupin, arrest me."

"I'll arrest you three minutes from now," said Guerchard.

"In three minutes from now, the coronet will have been stolen, and you will not arrest me," said the Duke. They stared at each other for a few seconds.

"There are only two minutes left," said the Duke suddenly, and he pulled a gun from his pocket.

"No, you don't!" cried Guerchard, taking out his gun.

"What's the matter?" said the Duke, with an air* of surprise. "You don't want me to shoot* Lupin? There's only a minute left."

"At your slightest movement, I'll fire,"

---

Attention! 주목! triumph 승리하다 air 태도, 자세 shoot (총을) 쏘다

Guerchard said with a shaking voice.

"I call myself the Duke of Charmerace," said the Duke. "You will be arrested tomorrow!"

"I don't care!" said Guerchard.

"In fifty seconds the coronet will be stolen," said the Duke.

"No!" cried Guerchard furiously.

Their eyes turned to the clock. Then the first stroke rang out, and the eyes of the two men met. At the last stroke, both their hands shot out. Guerchard's fell heavily on the case which held the coronet. The Duke's fell on his hat, and he picked it up.

"I have it," cried Guerchard. "Have I been fooled this time? Has Lupin got the coronet?"

"But are you quite sure?" said the Duke.

"Sure?" cried Guerchard.

"This is just a copy," said the Duke, with a gentle laugh.

"Bonavent!" cried Guerchard. "Dieusy!"

The door flew open, and half a dozen detectives ran in.

Guerchard sank* into a chair. He could not bear the stress of what had just happened.

"Gentlemen, the coronet has been stolen," the Duke said sadly. The Duke walked quietly out of the room.

"Where is he?" asked Guerchard.

"Where's who?" said Bonavent.

"The Duke!" cried Guerchard.

"He's gone!" said Bonavent.

"Stop him from leaving the house!" cried Guerchard. "Catch him before he gets home!"

---

**sink** 가라앉다

Chapter 20

# Lupin Comes Home

샤르메라스 공작의 저택에서는
샤롤레와 빅투아르가 초조하게 공작을 기다린다.
보관을 훔친 샤르메라스 공작이 마침내 자기 집으로 돌아온다.
그가 바로 아르센 뤼팽이다.

Beside the window of the Duke of Charmerace's house stood Mr. Charolais. He looked different now. His hair was blonde and not black. His nose was thin and his face was pale. He was wearing the Charmerace's, uniform. Only his eyes were unchanged.

Walking up and down the middle of the room was Mrs. Victoire. They were both anxious. By the door stood Bernard Charolais, looking timid and frightened.

"It's seven o'clock!" said Mrs. Victoire. "Oh, where can he be?"

"They must be after him," said Mr. Charolais. "And he can't come home."

"Suppose we telephone to Justin at the Passy house?" said Mrs. Victoire.

"Why?" said Mr. Charolais, impatiently. "Justin knows no more than we do. How can he know any more?"

"The best thing we can do is to get out," said Bernard in a shaky voice.

"No, he will come," said Mrs. Victoire. "I haven't given up hope."

"Suppose the police come!" cried Mr. Charolais. "What are we to do?"

"Well, I'm worse off than you are," said Mrs. Victoire. "If the police come, they'll arrest me."

"Perhaps they've arrested him," said Bernard in his shaky voice.

"Don't talk like that," said Mrs. Victoire.

"A police officer and a detective are running," said Mr. Charolais after he looked out the window.

"Are they coming this way?" asked Mrs. Victoire.

"No," said Mr. Charolais.

"Thank goodness!" said Mrs. Victoire.

"They're running to the two men watching the house," said Mr. Charolais. "They're telling them something. They're all running down the street."

"Are they coming this way?" asked Mrs. Victoire faintly.

"They are!" cried Mr. Charolais.

The bell to the front door began to ring, and the back doors of the house flew open. The Duke stepped inside. He was pale, and almost fainting. His lips were gray. He was breathing heavily and covered in mud.*

"It's the master!" Bernard cried.

"You're wounded?" asked Mrs. Victoire.

"No," said Arsene Lupin. "Charolais, go and open the door, not too quickly. Bernard, shut the bookcase. Victoire, hide!"

He went into his bedroom, and slammed the door. Mrs. Victoire and Mr. Charolais hurried out of the room. Mrs. Victoire ran upstairs. Mr. Charolais went slowly down. Bernard closed the bookcase and hid the secret rooms. Then he ran out of the room.

Mr. Charolais went to the door and took three minutes to open the locks. At last, he opened the door and looked out. The door was thrown open and Bonavent and Dieusy rushed past him, up the stairs.

---

**mud** 진흙

Mr. Charolais came rushing up the stairs and caught them as they were entering the living room.

"You should not come in here!" said Mr. Charolais. "The Duke isn't awake yet."

"Your precious Duke has been running all night," cried Dieusy.

The door of the bedroom opened, and Lupin stood in his pajamas.

"What's all this?" he said angrily. "Is it you who are making all this noise? I know you two. You work for Mr. Guerchard."

"Yes, Your Grace," replied Bonavent.

"Well, what are you doing here?" asked Lupin.

"Oh, nothing, Your Grace," replied Bonavent.

"You two should go." He turned to Mr. Charolais. "Show them out."

Mr. Charolais opened the door, and the two detectives went out of the room.

"Guerchard might get fired for this!" said Dieusy.

"I told you so," said Bonavent. "A Duke's a duke."

When the door closed behind the two detectives, Lupin fell on the couch and closed his eyes. Mrs. Victoire came inside.

"Oh, dearie!" she cried like a mother over a young child. Lupin did not open his eyes. Mr. Charolais came in.

"Some breakfast!" she cried. "Are you never going to change?"

"Oh, Victoire, what a fright* I've had!" said Lupin.

"You? You've been frightened?" cried Mrs. Victoire, amazed.

"Yes," said Lupin. "But don't tell the others. I changed the coronet under that fat old fool, Gournay-Martin's eyes. Once

---

**fright** 공포, 겁

you and Sonia were safe, all I had to do was run away. Did I? No! I stayed there to play with Guerchard... And then... instead of going quietly away as the Duke of Charmerace, I started running."

"Guerchard recognized you?" asked Mrs. Victoire anxiously.

"Yes," said Lupin. "The fifteen of them were chasing me."

"Why didn't you hide?" said Mrs. Victoire.

"For a long while they were too close," said Lupin. "I had to run outside of Paris. Oh, how sleepy I was! But I did not let myself sleep. I had to get back here."

"Tell me how you got here," said Mrs. Victoire.

"I took a good rest for an hour," said Lupin. "And then I started to walk back. I met that detective Dieusy! He had recognized my figure. He chased me all the way here!"

Chapter 21

# The Cutting of the Telephone Wires

뤼팽은 빅투아르에게 소냐를 사랑한다고 말한다.
뤼팽은 남극에서 탐험 도중 죽은 샤르메라스 공작으로 위장하고
구르네 마르탱의 보물들을 훔쳐 왔던 것이다.

The door opened, and in came Mr. Charolais with breakfast.

Lupin ate like a wolf. Mr. Charolais went out of the room.

"What I want next is a bath," said Lupin.

"I tell you that all this is going to end badly," said Mrs. Victoire. "To be a thief gives you no position* in the world."

"We'd better not talk about that!" said Lupin. "You caused a lot of trouble!"

"And what did you expect?" said Mrs. Victoire sharply. "I'm an honest woman!"

"It's true," said Lupin. "Why do you stay with me?"

"That's what I'm always asking myself," said Mrs. Victoire, pouring the coffee. "I don't know. I suppose it is because I'm fond of* you."

"Yes, and I'm very fond of you, my dear Victoire," said Lupin.

"Oh, your poor mother!" said Mrs. Victoire. "Whatever would she have said?"

"I'm not sure that she would have been surprised," said Lupin. "I always told her that I was going to punish* society for the way it had treated* her."

"You were always a bad boy," said Mrs. Victoire. "You were already stealing at seven years old! Of course you only rob the rich, and you've always been kind to the poor. Yes, there's no doubt about it. You have a good heart. Why are you a burglar?"

"I've tried everything," said Lupin. "I've gotten my degree* in medicine* and in law.* I have been an actor and a professor of judo.* I have even been a member of the detective force,* like Guerchard. I have been a Duke. But being a burglar is the most fun!"

"Fun!" cried Mrs. Victoire.

"I tell you, Victoire," said Lupin, "that when one cannot be a great artist* or a great soldier,* the only thing to become is a great thief!"

"Oh, be quiet!" cried Mrs. Victoire.

---

**position** 지위, 신분  **be fond of** ~을 좋아하다  **punish** 벌하다, 응징하다
**treat** 대우하다, 취급하다  **degree** 학위  **medicine** 의학  **law** 법학  **judo** 유도  **force** 단체, 경찰력  **artist** 예술가  **soldier** 군인

"Don't talk like that. At your age, you should have only one idea in your head. You should marry."

"Yes, perhaps that would change me," said Lupin. "I have been thinking about it, seriously."

"Is it real love, dearie*?" asked Mrs. Victoire. "What's she like?"

"She's very fair and delicate," said Lupin softly, "like a princess in a fairy tale.*"

"What does she do?" asked Mrs. Victoire.

"She's a thief," said Lupin.

"Good Heavens!" cried Mrs. Victoire.

"But she's a very charming thief," said Lupin. "The girl I'm going to marry is Sonia Kritchnoff."

"Sonia?" said Mrs. Victoire. "That dear child! But I love her already!"

Then the telephone bell rang. He picked it up.

"Hello?" he said. "Oh, it's you, Germaine.... You're waiting for me at the Ritz? All right, I'll be with you in about half an hour." He hung up.*

"What if she knows everything?" asked Mrs. Victoire. "It's a trap?"

"Yes, Mr. Formery is probably at the Ritz with Gournay-Martin," said Lupin. "If they wanted to arrest me, if they had the proof, Guerchard would be here already!"

"Then why did they chase you last night?" asked Mr. Charolais.

"I had the coronet," said Lupin. "I have all the proof!" He pointed to a small safe in the wall. "In that safe are the coronet, and, above all, the death certificate* of the Duke of Charmerace. I think I'd better take them with me in case* I have to run."

"The Duke looked just like you," said

---

dearie 귀여운 사람   fairy tale 동화   hang up 전화의 수화기를 내려놓다
trap 함정   certificate 증명서   in case (that) ~한 경우에 대비하여

Mrs. Victoire. "Anyone would have said you were twin* brothers."

"I was shocked when I first saw his portrait," said Lupin. "I saw it the first time we stole from Charmerace's."

"Then off you went for the ice and snow, found the Duke, and became his friend," said Mr. Charolais. "Then he died. I think that the best thing we can do is to pack up our bags. And I don't think we've much time to do it either. This game is at an end.*"

There was a ring at the front doorbell.

"You'd better go and see who it is," said Lupin.

"Bernard is answering the door," said Mr. Charolais. "But perhaps I should watch him."

On the stairs, he found Bonavent disguised as a limousine* driver from the Ritz.

"Why didn't you come to the servants' entrance?" asked Mr. Charolais.

"I didn't know that there was one," said Bonavent timidly. "I've brought a letter for the Duke of Charmerace."

"Give it to me," said Mr. Charolais. "I'll take it to him."

"No," said Bonavent. "I can only give it to the Duke."

"You'll have to wait till he's finished dressing," said Mr. Charolais.

They went on up to the stairs.

Bonavent sat down, and Mr. Charolais looked at him doubtfully. There was a knock at the door. Mr. Charolais ran down the stairs to answer the door.

In an instant,* Bonavent was on his feet.* He opened the door of the living room and looked inside. It was empty.

---

**twin** 쌍둥이  **be at an end** 끝나다  **limousine** 리무진(대형 승용차)  **in an instant** 순식간에, 곧  **be on one's feet** 일어나다

He went inside and cut the wires of the telephone. He saw the pocket book* on the table. He grabbed it and put it in his pocket. Lupin came out of the bedroom and saw him.

"What do you want?" he asked sharply.

"I've brought a letter to the Duke of Charmerace," said Bonavent in a disguised voice.

"Give it to me," said Lupin, holding out his hand. "Don't go. Wait, and there may be an answer."

Lupin opened the letter. It read:

Sir,

Mr. Guerchard has told me everything. I know the Duke died three years ago. I also know about Sonia. We will not be married. I will instead marry the Duke's cousin.

From Miss Gournay-Martin

"Charolais, sit down and write a letter for me," said Lupin.

Mr. Charolais went to the writing table. Lupin told him to write:

Miss,

I will send you a wedding present. It will arrive this afternoon.

From ARSENE

"Take this to Miss Gournay-Martin," said Lupin, handing it to Bonavent.

Bonavent took the letter and turned. Then Lupin suddenly jumped at him. He wrapped his arm around his neck.

"Take my pocket book out of this man's tunic,*" he told Mr. Charolais.

Mr. Charolais took out the pocket book. Lupin threw the detective across the room.

---

**pocket book** 수첩  **tunic** 웃옷, 겉옷

Then he took the pocket book from Mr. Charolais.

"Guerchard will be here in ten minutes," he said.

Chapter 22

# The Bargain*

게르샤르 경감이 체포 영장을 들고 뤼팽을 찾아온다.
게르샤르 경감은 소냐와 빅투아르를 체포하겠다고 뤼팽을 위협한다.
뤼팽은 두 사람의 자유와 자신의 자유를 맞바꾸는 데 동의한다.

Mr. Charolais took the detective out of the house.

"All of you leave through the secret entrance before Guerchard gets here," Lupin told them.

---

**bargain** 흥정, 거래

Mr. Charolais and Bernard exited. Mrs. Victoire decided to wait for Lupin. Lupin went to the telephone and dialed* a number. He wanted to call Sonia. But the phone didn't work. He picked up the machine and shook it. He saw that the wires were cut, and cried furiously.

"Let's go even if you can't telephone her!" said Mrs. Victoire.

"But don't you understand that?" he cried. "If I haven't telephoned, she'll come here!"

"But what about you?" said Mrs. Victoire.

"They shall never take me alive," he said.

"Oh, be quiet!" said Mrs. Victoire. "You must go. They won't do anything to her. She's still a child. If you won't go, then I won't go either."

Lupin begged her to go. She would not move. The front doorbell rang.

"It's her," said Mrs. Victoire.

"No," said Lupin. "It's Guerchard. The game isn't lost yet. Now listen to me. Go down and open the door for him. After you open the door, sneak out of it and watch the house. Don't go too far from it. Look out for Sonia. Stop her from entering, Victoire."

"But if Guerchard arrests me?" asked Mrs. Victoire.

"He won't," said Lupin. "He is too eager* to get me. Sonia should be here in twelve minutes. I shall come later."

As he spoke, he was pushing her toward the door.

He turned, went into the living room, and shut the door. There was the sound of footsteps on the stairs, the door flew open, and Guerchard entered the room.

---

**dial** 다이얼을 돌리다, 전화를 걸다   **eager** 간절한, 열렬한

"Good morning, Lupin," said Guerchard.

"Good morning, Mr. Guerchard," said Lupin.

Guerchard came a few steps into the room, still hesitating.

"You must excuse me, but all my servants have run," said Lupin. "Your detectives scared them away."

"You needn't bother about that," said Guerchard. "I shall catch them."

Guerchard came slowly to the middle of the room. He sat down slowly facing him.

"Why don't you arrest me?" asked Lupin peacefully.* "What are you waiting for?"

"Do you know where Sonia Kritchnoff is at this moment?" said Guerchard.

"Where is she?" asked Lupin.

"In a small hotel near the Star," said Guerchard. "The hotel has a telephone. Would you like to telephone her?"

"Why should I telephone her?" asked

Lupin. "What do you want?"

"Nothing," said Guerchard. And he leaned back in his chair with an ugly smile on his face.

"What has that child got to do with you?" said Lupin. "She's not big enough game* for you. It's me that you hate. So you're going to leave that child in peace? You must not touch her."

"That depends on* you," said Guerchard.

"On me?" said Lupin.

"Yes," said Guerchard. "I want you to make a deal with* me,"

"Do you?" said Lupin.

"Yes," said Guerchard.

"Well, what is it you want?" said Lupin. "Say it! Don't be shy about it."

"I offer* you her freedom,*" said Guerchard.

---

**peacefully** 태평하게, 평온하게　**game** 사냥감　**depend on** ~에 달려 있다
**make a deal with** ~와 거래하다　**offer** 제안하다, 제공하다　**freedom** 자유

"Can you do it?" said Lupin. "How?"

"I will blame you for all of her thefts," said Guerchard.

"And what do you want from me?" asked Lupin.

"Everything," said Guerchard. "You must give me back all the things you stole and the information about the Duke's death. Did you kill him?"

"If I ever kill myself, you'll know all about it, my good Guerchard," said Lupin.

"I'll even let Mrs. Victoire go," said Guerchard.

"What?" cried Lupin. "You've arrested Victoire? I don't accept."

"I'm going to throw that girl in jail,*" said Guerchard.

"Not for long," said Lupin quietly. "You have no proof."

"What chance has a silly child like that got when we really start questioning her?"

asked Guerchard. "You know that I can break her. She'll be in jail for at least five years. Do you accept?"

"Well...no!" said Lupin and he laughed. "You don't care about Miss Kritchnoff. You will not arrest her. You have no proof. You don't even have the pendant."

The front doorbell rang again. Dieusy opened the door.

"It's Miss Kritchnoff," he said.

"Arrest her!" shouted Guerchard.

"Never!" cried Lupin.

"Will you accept, then?" Guerchard asked.

He nodded his head.

"Let Miss Kritchnoff wait," said Guerchard. Dieusy went out of the room.

"Once I give the stolen things to you, you will let Miss Kritchnoff go?" asked

Lupin.

"Yes," said Guerchard.

"Even if I escape later or steal them back, she still goes free?" asked Lupin.

"Yes," said Guerchard.

"To begin with,* here in this pocket book, you'll find all the papers about the death of the Duke of Charmerace. You will also find the address and receipt* for the storage center* where I put all of the paintings."

"And where's the coronet?" he said in an excited voice.

"It's in that bag at your feet," said Lupin.

Guerchard grabbed the bag, opened it, and took out the coronet.

"Give me your weapon,*" said Guerchard quickly.

And Lupin threw his gun on the table.

"And now for the handcuffs!" said Guerchard triumphantly.

Chapter 23

# The End of the Duel

뤼팽은 소냐를 만나 자신이 뤼팽이라고 고백한다.
소냐는 자기 대신 잡혀 가려는 뤼팽에게 감동해 그를 사랑한다고 말한다.
뤼팽은 순순하게 잡혀 가는 척하다가 탈출한다.

"Hold out your hands!" said Guerchard.

"I want to see Sonia for the last time," said Lupin gently.

"All right," said Guerchard.

Lupin held out his wrists. Guerchard

---

**to begin with** 우선   **receipt** 영수증   **storage center** 창고   **weapon** 무기

put the handcuffs on them.

"Dieusy!" cried Guerchard. "Miss Kritchnoff is free to go. Tell her so, and bring her in here."

She came through the open door, smiling.

"Oh, thank you!" she cried, holding out her hands to him.

Lupin half turned away from her to hide his handcuffs. She thought he was angry at her.

"I was wrong to come here," said Sonia. "I made a mistake! I'm sorry! I'll go."

"Sonia," he said sadly.

"No, no, I understand!" said Sonia. "In your eyes, I will always be Sonia Kritchnoff, the thief!"

"Sonia!" cried Lupin.

"Never mind," said Sonia. "I'm going, but will you shake hands just for the last time?"

"No!" cried Lupin.

"You won't?" said Sonia.

"I can't!" said Lupin. "Wait, Sonia! What if I am not the man you think I am?"

"What?" said Sonia.

"If I were a thief…if I were?" said Lupin.

"Arsene Lupin," said Guerchard from the door.

"Arsene Lupin!" cried Sonia. "But then, it's for me that you're going to prison? I'm so happy!"

She hugged* him and kissed him.

"Oh, this is incredible!" cried Lupin. "I'll become an honest man!"

"You will?" cried Sonia.

Guerchard came back into the room.

"Time's up," he said.

"But he's going to take you away!" cried Sonia.

---

**hug** 껴안다

"Now you must keep calm and go," said Lupin, in a low voice. "I'm not going to prison. Wait in the hall, if you can. Go, Sonia, goodbye."

He kissed her. She left the room.

"My dear Guerchard, what I want is rest," said Lupin.

He walked quickly across the room and lay down on the couch.

"Come, get up," said Guerchard. "The prison van is waiting for you."

"No," said Lupin, "It's too early."

He started moving his wrists. Then he held out his handcuffs in one hand and threw them on the floor.

"Bonavent!" shouted* Guerchard. "Boursin! Dieusy! Here! Help!"

"Now listen, Guerchard," said Lupin. "I will live happily with Sonia, or else, my dear Guerchard, I'll die with you. Now let your men come. I'm ready for them."

Guerchard ran to the door and shouted again.

Lupin jumped to the table, opened the cardboard box, and took out a shining bomb.* He jumped to the wall, pressed* the button, and the bookcase opened to the secret door. Just then the detectives rushed to the room.

"Get him!" yelled Guerchard.

"Stand back…hands up!" cried Lupin. "This is a bomb! Come get me!"

"I will!" cried Guerchard. And he took a step forward.

The other detectives grabbed him and stopped him. They didn't want to die!

"And now, Guerchard, you thief, give me back my pocket book," said Lupin.

"Never!" screamed Guerchard, struggling.

---

**shout** 소리치다, 외치다  **bomb** 폭탄  **press** 누르다

"Let him have his way, master!" cried Dieusy.

"It's in his pocket!" roared Lupin. "Be smart!"

"It's got to be given to him. Hold the master tight!" cried Bonavent. He put his hand into Guerchard's coat and pulled out the pocket book.

"Throw it on the table!" cried Lupin.

Bonavent threw it onto the table. Lupin caught it in his left hand and put it into his pocket.

"Good!" he said. "Look out for the bomb!" He pretended to throw it.

The whole group jumped back.

Lupin jumped through the secret door and into the elevator. It lowered.*

"After him!" said Guerchard. "Down into the cellars*! Some go to the secret entrance! Others to the servants' entrance! Get into the street! Dieusy, take the elevator with me!"

The others ran out of the room and down the stairs. Guerchard and Dieusy went to the elevator and tried to pull open the doors. Suddenly, the elevator doors opened. It was empty. They jumped into it. Guerchard pressed the button. The elevator shot up* eight feet.

A second elevator stopped in the living room, and there was Lupin. He wore the clothes of Guerchard. He went to the mirror and put make-up on* his face. He picked up his pocket book and the bomb. He went outside and saw Mrs. Victoire and Sonia talking together.

"Hi! Officer!" cried Lupin, in the voice of Guerchard. "Come up here!"

The police officer looked up and ran up the stairs.

---

lower 내리다, 내려지다   cellar 지하실   shot up 갑자기 올라가다, 치솟다   put make-up on ~에 화장을 하다

"Here! Stand here!" cried Lupin. "Do you see these doors?"

"Yes," said the police officer.

"They're the doors of an elevator," said Lupin. "In that elevator are Dieusy and Lupin. They are fighting, but Lupin is disguised as someone. As soon as the elevator opens, jump on them and call for help."

"Yes," said the police officer.

Lupin went quietly down the stairs. Mrs. Victoire and Sonia saw him coming.

"Oh, Mr. Guerchard, where is he?" said Sonia.

"He's here," said Lupin, in his natural voice.

Sonia hugged him.

"Isn't he a wonder?" said Mrs. Victoire.

"This time the Duke of Charmerace is dead, for good,[*]" said Lupin.

"No, it's Lupin that's dead," said Sonia

softly.

"Lupin?" he said, surprised.

"Yes," said Sonia.

"It would be a terrible loss," said Lupin.

"Never mind," said Sonia.

"Oh, I must be in love with you!" said Lupin.

"And you won't steal anymore?" said Sonia.

"No," said Lupin.

"But we're wasting time!" said Sonia. "Let's go!"

He opened the front door, went down the steps, and got into Guerchard's police car.

The doors of the elevator finally opened. The young police officers saw Guerchard and thought it was Lupin in disguise. He jumped on him. As they struggled and

---

**for good** 영원히

fought, Guerchard heard the sound of his police car driving away.

"I'll get you, Lupin!" he cried.

# 전문번역

# 백만장자의 딸

p.12 9월의 햇빛이 샤르메라스 공작의 방에 가득 찼다. 햇빛이 방에 있는 많은 고풍스럽고 아름다운 물건들에 떨어졌다. 그러나 방 안에 있는 아름다운 물건들 중에서 한 여자의 얼굴이 가장 아름다웠다. 그 여자는 카드를 쓰고 있었다. 그녀는 섬세하고 창백한 얼굴의 미인이었다. p.13 하지만 그녀는 감성에 젖어 있는 것 같았다. 그녀는 청첩장을 쓰고 있었다.

청첩장에는 이렇게 적혀 있었다.

"구르네 마르탱은 딸 제르맹과
샤르메라스 공작의 혼인을
알려드리고자 합니다."

바깥에는 테니스를 치고 있는 몇 명의 여자들이 있었다. 그들이 너무 소란스러워지고 편지를 쓰고 있던 여자가 그들이 운동하는 소리를 들었을 때, 그 여자는 서글프게 창밖을 내다보았다.

"소냐!" 어떤 목소리가 그녀를 소리쳐 불렀다.

"네, 제르맹 아가씨?" 청첩장을 쓰고 있던 여자가 대답했다.

"도대체 무엇을 하고 있는 거야, 소냐? 청첩장은 쓰고 있어?" 그 목소리가 다시 소리쳤고, 제르맹 구르네 마르탱이 방으로 들어왔다.

p.14 제르맹은 손에 테니스 라켓을 들었다. 제르맹은 건강미적인 면에서 예쁜 여자였다. 제르맹의 미모는 소냐의 미모와는 정반대였다. 제르맹과 함께 테니스를 치고 있던 두 명의 친구들이 그녀를 따라 홀로 들어왔다. 잔느 구띠에는 키가 크고 거무스름하며 정겹지 않았다. 마리 불리어는 키가 작고 평범하게 생겼다.

"이것들이 다 청첩장이니?" 마리가 물었다.

"응. 그렇지만 아직 다 못 썼어." 제르맹이 소냐를 바라보며 말했다.

"와! 네가 초대할 이 부유하고 중요한 사람들을 모두 봐 봐!" 마리가 부러워하며 말했다.

"네 결혼식에는 아는 사람이 몇 명 없겠구나." 잔느가 말했다.

"나는 이 사람들을 다 만나 봤어." 제르맹이 말했다. "파리에서 이 사람들을 만났지. 파리는 내가 살게 될 곳이야."

"샤르메라스 공작부인이 되고 나면 너는 네 자신이 너무 지위가 높아져서 우리의 친구가 될 수 없다고 생각하게 될 거야." 잔느가 말했다. p.15

"공작님은 어때?"

"실은 그이가 지난 7년 동안 많이 변했어." 제르맹이 말했다. "7년 전에 그이는 진지하게 받아들이는 것이 아무것도 없었거든. 한 번은 단지 자기가 할 수 있다는 이유만으로 남극으로 여행을 갔다니까."

"그런데 지금은?" 잔느가 물었다.

"오, 지금 그이는 평범한 신사야." 제르맹이 말했다. "따분하지."

"공작님은 여전히 재미있으세요." 갑자기 소냐가 말했다.

"오, 사람들을 놀리고 있을 때는 재미있지. 하지만 그것을 제외하면, 그이는 따분해."

"너희 아버지는 분명히 공작님의 변화에 기뻐하시겠네." 잔느가 말했다.

"당연히 기뻐하시지."

p.16 알프레드가 차 쟁반을 가지고 들어왔다. 제르맹은 방 안을 왔다 갔다 하고 있었다. 갑자기 제르맹은 발걸음을 멈추고 은으로 만든 조각상을 가리켰다.

"이게 뭐야?" 제르맹이 말했다. "이 조각상이 왜 여기 있어?"

"우리가 들어왔을 때, 그 조각상은 장식장 위에 있었어요. 평소 있던 장소인데요." 소냐가 깜짝 놀라서 말했다.

"아주 이상하네." 제르맹이 말했다.

그들은 모두 그 조각상을 응시했다. 그때 알프레드가 그것을 장식장들 중 한 곳의 평소 있던 자리에 도로 넣고 방을 나갔다. 소냐는 그들이 곧 있을 결혼에 관해 이야기를 하는 동안 차를 따랐다. 그 일은 제르맹에게 파리에 있는 아버지 집에서 전화를 걸어 온 사람이 있었는지 물어봐야겠다는 생각이 들게 했다. 소냐는 전화한 사람이 아무도 없다고 말했다.

"그거 아주 짜증난다." 제르맹이 말했다. "오늘 아무도 나에게 선물을 보내지 않았다는 것을 보여 주는 거잖아."

p.17 "오늘은 일요일이에요." 소냐가 상냥하게 말했다. "가게들은 일요일에 물건을 배달하지 않잖아요."

"너의 멋진 공작님은 우리와 함께 차를 마시러 오시지 않는 거야?" 잔느가 다소 걱정스럽게 말했다.

"아, 올 거야." 제르맹이 말했다. "그이는 4시 30분에 올 거야. 두 뷔 형제들과 함께 말을 타러 가야 했거든. 그 사람들 역시 이곳으로 차를 마시러 올 거야."

"그럴 리가 없어." 마리가 말했다. "우리 오빠가 점심 식사 후에 두 뷔가에 갔거든. 그들은 오늘 아침에 드라이브 하러 가서 오늘 밤 늦게까지 돌아오지 않을 거야."

"그이가 왜 거짓말을 하려고 했을까?" 제르맹이 당황하며 말했다.

"내가 너라면, 나는 공작님께 많은 질문을 할 거야." 잔느가 말했다. "공작들이 어떤지 너는 알잖아."

p.18 "고맙지만 나는 자크를 믿어." 제르맹이 화를 내며 말했다.

잠시 침묵이 흘렀다.

"드 렐지에르 부인의 아들 소식 들었어?" 마리가 물었다. "그 사람이 오늘 결투를 할 거래."

"누구랑요?" 소냐가 물었다.

"아무도 몰라." 마리가 말했다.

"그는 뛰어난 검객이야." 제르맹이 말했다. "아무도 그를 이길 수 없지."

무언가가 소냐를 신경 쓰이게 하고 있었다. 소냐는 기분이 안 좋았고 왜 그런지 알아내려고 애썼다.

"드 렐지에르는 한때 네 약혼자의 가장 좋은 친구 아니었어?" 잔느가 물었다.

"그래, 드 렐지에르 때문에 내가 자크를 만났지." 제르맹이 말했다.

"그것이 어디였는데?" 마리가 말했다.

"여기, 이 저택 안에서야." 제르맹이 말했다.

p.19 "정말로 공작님 소유의 집에서 그런 거야?" 마리가 놀라서 말했다.

"자크는 나와 사랑에 빠졌어." 제르맹이 말했다. "아빠가 그 저택을 구입하시기로 결정하셨고, 나는 자크와 결혼하겠다고 청했어."

"네가 그랬다고?" 마리가 말했다. "하지만 당시 너는 고작 열여섯 살이었잖아."

"그래. 아빠는 결혼하기에는 내가 너무 어리다고 생각하셨어. 나는 자크에게 그가 돌아오기를 기다리겠다고 약속했지."

"참 낭만적이다!" 마리가 소리쳤다.

"나는 지독히 운이 나빴어." 제르맹이 말했다. "공작은 아팠고, 다시 건강해졌을 때는 다시 남극으로 돌아갔어! 6개월 동안 그이한테서 소식을 듣지 못했지. 나는 그이가 죽었다고 생각했어!"

"죽었다고요?" 소냐가 말했다. "오, 아가씨는 분명히 참으로 불행하셨겠네요!"

p.20 "다행히도 어느 화창한 날, 다시 편지가 오기 시작했어." 제르맹이 말했다. "3개월 전에 전보가 왔고 그이가 돌아오고 있다고 알려 주었지. 그리고 마침내 공작이 돌아왔어."

"거짓말하지 마." 잔느가 말했다. "그것은 사랑에 대한 이야기가 아니었잖아. 네가 그분을 기다린 것은 그분이 공작님이기 때문이었어."

"아, 그래." 마리가 미소를 지으며 말했다. "너는 다른 남자와 약혼할 뻔했잖아."

"그런데 그 남자는 고작 남작이었지." 잔느가 웃으며 말했다.

"뭐라고요?" 소냐가 말했다. "그게 사실이에요?"

"몰랐어요, 크리슈노프 양?" 잔느가 말했다. "제르맹은 공작의 사촌인 드 렐지에르 남작과 약혼할 뻔했어요."

"나를 비웃어도 되지만, 만약 공작이 죽었다면 드 렐지에르 남작은 공작이 되었을 거야. 그리고 나는 공작부인이 되었을 것이고." 제르맹이 의기양양하게 말했다.

p.21 "음, 나는 가 봐야 해." 잔느가 말했다. "아직도 내일 파리에 갈 생각이야?"

"그래, 내일 아침에." 제르맹이 말했다. 잔느와 마리는 작별 인사를 하고 떠났다.

"친구분들은 괜찮은 것 같았어요." 소냐가 말했다.

"괜찮은 것 같았다고?" 제르맹이 말했다. "저 친구들은 나를 부러워해! 부러워하는 것도 당연하지!"

# 샤롤레 부자의 등장

p.22 소냐는 탁자로 돌아가서 다시 한 번 청첩장을 쓰기 시작했다. 제르맹은 초조하게 방 안을 돌아다니고 모든 것에 대해 소냐의 의견을 계속하여 물었다. 소냐는 화를 내지 않고 모든 질문에 참을성 있게 대답했다.

p.23 문이 열리고 알프레드가 서서 대기하고 있었다.

"두 신사분이 아가씨를 뵙겠다고 요청하셨습니다, 아가씨." 알프레드가 말했다.

"아, 두 뷔 형제 두 명이구나." 제르맹이 말했다.

"성함은 말씀하지 않으셨어요, 아가씨." 알프레드가 말했다.

"두 사람이야?" 제르맹이 물었다. "한 사람이 다른 한 사람보다 어려?"

"네, 아가씨." 알프레드가 말했다.

"그럴 줄 알았어." 제르맹이 말했다. "안으로 모셔와."

"네, 아가씨." 알프레드가 말했다.

"너도 파리에 곧 갈 거지?" 제르맹이 물었다.

"네, 아가씨." 알프레드가 말했다. "저희는 모두 7시 기차로 갈 거예요."

"그래, 알았어." 제르맹이 말했다. "그들을 들여보내."

**p.24** 제르맹은 창문 근처에 있는 의자로 이동했고 우아하게 보이려고 애썼다. 머리를 의자의 긴 등받이에 매력적인 각도로 기대었을 때, 제르맹은 무언가를 보았다.

"이런, 이게 뭐야?" 제르맹이 그것을 가리키며 소리쳤다.

"뭐 말이에요?" 여전히 청첩장을 쓰며 소냐가 말했다.

"이런, 창문 말이야." 제르맹이 말했다. "봐! 유리창 하나가 빠졌어! 누군가가 떼어낸 거야!"

"그렇군요." 소냐가 말했다. 그리고 두 여자는 창문을 바라보았다.

"전에는 그것을 알아채지 못했어?" 제르맹이 말했다.

"네." 소냐가 말했다. "깨진 유리창은 밖으로 떨어진 것이 분명해요."

문이 열리고 두 남자가 들어왔다. 한 명은 약 55세가량의 키가 작고 뚱뚱한 남자였다. 또 한 사람은 키가 큰 젊은 남자였다. 그들은 부자지간인 것이 분명했다.

**p.25** 제르맹은 일어섰고 놀란 것처럼 보였다. 이들은 제르맹의 친구 두 뷔 형제가 아니었다.

"저는 샤롤레입니다." 나이 든 남자가 말했다. "렌느에 땅을 가지고 있지요. 제 아들을 소개하겠습니다."

젊은 남자가 어색하게 머리를 숙였다.

"저분들께 차를 내어드릴까요?" 소냐가 속삭였다.

"아니!" 제르맹이 속삭였다. "그런데 왜 오늘 저를 방문하신 거죠?" 제르맹이 큰 소리로 물었다.

"아가씨의 부친을 뵈었으면 합니다." 샤롤레 씨가 말했다. "구르네 마르탱 씨는 외출하셨지만 그분 따님은 집에 계시다고 하인이 저희에게 말해 주더군요." 샤롤레 씨는 앉았고, 그의 아들도 따라했다.

"실례지만, 왜 저희 아버지와 말씀을 나누고 싶어 하시나요?" 제르맹이 물었다.

"음, 저희는 60마력짜리 차를 팔고 계시다는 광고를 읽었습니다." 샤롤레 씨가 말했다. p.26 "제 아들이 차를 사고 싶어 하는군요."

"저희는 60마력짜리 차가 있지만, 팔려고 내놓지는 않았어요." 제르맹이 말했다. "저희 아버지가 오늘도 그 차를 사용하고 계시지요."

"아마도 저희가 밖에서 본 그 차인가 보네요." 샤롤레 씨가 말했다.

"아니에요, 그것은 제 소유인 30마력이나 40마력짜리 차예요." 제르맹이 말했다. "하지만 저희에게는 100마력짜리 차가 있고, 제 아버지는 그것을 팔고 싶어 하세요. 소냐, 사진을 찾아볼 수 있어?"

두 여자는 탁자로 가서 사진을 찾기 시작했다. 아가씨들이 등을 돌리자마자 젊은 남자는 장식장에서 은으로 만든 조각상을 낚아채어 자기 주머니 안에 넣었다. 샤롤레 씨는 아가씨들을 지켜보고 있었지만, 자기 아들도 지켜보고 있었다.

"내려놔, 이 멍텅구리야!" 샤롤레 씨가 아들에게 말했다. p.27 "도로 갖다 놔!"

젊은 남자는 재빨리 조각상을 도로 장식장에 갖다 놓았다. 마침내 두 여자들이 사진을 찾아 그것을 그 남자들에게 주었다.

"아, 이거로군요." 샤롤레 씨가 말했다. "저에게 주실 수 있는 최저 가격은 얼마이신가요?"

"저는 몰라요." 제르맹이 말했다. "저희 아버지를 만나보셔야겠네요. 아버지는 렌느에서 곧 돌아오실 거예요."

"잘 알겠습니다." 샤롤레 씨가 말했다. "그럼 저희는 지금은 갔다가 나중에 다시 오겠습니다. 귀찮게 해 드려서 죄송합니다."

"천만에요." 제르맹이 공손하게 작은 소리로 말했다.

"안녕히 계세요." 샤롤레 씨가 말했고, 그와 그의 아들은 문으로 가서 밖으로 나갔다.

"왜 시간을 낭비하고 있어?" 제르맹이 소냐에게 앙칼지게 말했다. p.28 "청첩장 쓰는 것이나 그냥 끝내."

소냐는 책상으로 다시 돌아갔다. 제르맹과 친구가 된 지 3년이 지나고 나니 소냐는 그녀의 무례함에 익숙해져 있었다.

"자크가 늦네." 제르맹이 말했다.

제르맹은 창문으로 다가가 도로를 바라보았다. 도로는 텅 비어 있었다.

"아마 공작님은 사촌인 드 렐지에르 씨를 뵈러 가신 모양이에요." 소냐가 말했다. "하지만 저는 늘 그분들이 서로를 싫어한다는 생각이 들었어요."

"너도 그거 봤어?" 제르맹이 말했다. "나는 목요일에 그들이 다투고 있는 것을 봤어."

"다투고 계셨어요?" 소냐가 마음이 불편해져서 말했다. "하지만 그분들이 결국 미안하다고 하셨겠죠?"

"아니, 그렇지 않았어." 제르맹이 말했다.

"오, 이런!" 소냐가 말했다.

"뭐라고?" 제르맹이 말했다.

"공작님은 사촌분과 결투를 하고 계시는 거예요." 소냐가 말했다.

"물론이지." 제르맹이 말했다.

p.29 "끔찍해요." 소냐가 숨을 몰아쉬었다.

"공작이 싸우는 것은 나 때문이야!" 제르맹이 자랑스럽게 말했다.

소냐의 얼굴은 완전히 하얬다. 소냐는 어떤 끔찍한 일이 공작에게 벌어지고 있다고 상상하고 싶지 않았다. 제르맹은 즐겁게 방 안을 돌아다니며 춤을 추었다. 그것은 아주 낭만적으로 보였다!

"공작님은 뛰어난 검객과 결투 중이세요." 소냐가 중얼거렸다. "공작님이 어떻게 이기시겠어요?"

제르맹은 소냐의 말을 듣지 못했다. 소냐는 창문으로 가서 공작을 보기를 간절히 바라며 도로를 지켜보았다.

"제르맹 아가씨!" 소냐가 갑자기 소리쳤다. "보세요!"

"뭔데?" 제르맹이 소냐 옆으로 오며 말했다.

"마부예요!" 소냐가 도로를 가리키며 말했다. p.30 "보세요! 저기요!"

"그러네!" 제르맹이 말했다.

"그분이에요!" 소냐가 소리쳤다. "공작님이세요!"

## 뤼팽의 방식

p.31 소냐는 갑자기 주저앉아 울음을 멈추려고 애썼다. 소냐는 아주 기뻤다. 공작이 방으로 들어올 때 소냐는 그를 쳐다보지 않았다. 공작은 차를 청한 다음 제르맹의 손을 잡고 입을 맞추었다. 공작은 방금 결투를

한 것처럼 보이지 않았다. p.32 공작은 아주 차분해 보였다! 공작은 자리에 앉았고, 소냐는 그에게 차 한 잔을 건넸다. 소냐의 손은 떨리고 있었다.

"결투를 하고 있었던 거예요?" 제르맹이 물었다.

"이런!" 공작이 깜짝 놀라며 말했다. "이미 들은 것이오?"

"들었지요." 제르맹이 말했다. "왜 싸우신 거예요?"

"부상을 입지는 않으셨죠, 공작님?" 소냐가 걱정하며 물었다.

"안 다쳤소." 소냐에게 미소를 지으며 공작이 말했다.

"그 청첩장들이나 마저 다 쓰지 그래, 소냐?" 제르맹이 앙칼지게 말했다. 소냐는 책상으로 다시 돌아갔다.

"저를 위해 싸운 거예요?" 제르맹이 물었다.

"그랬다면 당신 기분이 좋아지오?" 공작이 말했다. "내가 기분이 안 좋은 상태였는데, 드 렐지에르가 나를 화나게 하는 어떤 말을 했기 때문이오."

"저 때문에가 아니라면 결투를 벌일 만한 가치는 없었어요." 제르맹이 말했다. p.33 "그럼 드 렐지에르는요? 그 사람은 다쳤나요?"

"가엾은 드 렐지에르!" 공작이 웃으며 말했다. "드 렐지에르는 앞으로 6개월 동안 침대 신세를 져야 할 거요."

"오, 이런!" 제르맹이 소리쳤다.

소냐는 청첩장을 빠르게 쓸 수가 없었다. 제르맹은 소냐를 등지고 앉아 있었으므로 소냐는 공작의 얼굴을 바라볼 수 있었다. 때때로 공작의 눈이 소냐의 눈과 마주쳤다. 그런 일이 있을 때 소냐는 시선을 회피했다.

"내가 당신에게 아무것도 주지 못한 지도 사흘이 지났군." 공작이 제르맹에게 말했다. 공작은 제르맹에게 진주 펜던트를 건넸다.

"오, 참 근사해요!" 제르맹이 그것을 받으며 소리쳤다.

제르맹은 펜던트를 걸고 거울 속의 자신에게 탄복했다. 실제로 그것은 제르맹에게 그다지 어울리지 않았다. 소냐도 이렇게 보았고 공작도 그랬다. 공작은 소냐의 흰 목덜미를 바라보았다. p.34 소냐는 공작과 눈이 마주쳐서 얼굴을 붉혔다. 진주는 소냐의 목에 더 잘 어울렸을 것이다.

"맙소사!" 공작이 소리쳤다. "저것이 다 청첩장이오?"

"성대한 결혼식이 될 것 같지 않아요?" 제르맹이 말했다.

"천사가 되어 나에게 피아노로 무언가를 연주해 주겠소?" 공작이 소냐에게 말했다. "나는 당신이 어제 연주하고 있는 것을 들었소."

"미안하지만, 자크, 크리슈노프 양은 해야 할 일이 있어요." 제르맹이 말했다.

"부탁하오!" 공작이 미소를 지으며 말했다. "딱 5분이면 되오."

"알았어요." 제르맹이 말했다. "하지만 당신한테 이야기할 중요한 것이 있어요."

"나 역시 그렇소!" 공작이 말했다. "이 사진에서는 당신과 소냐가 꽃처럼 보이는군."

"당신은 나에 대해서는 신경 쓰지 않는군요." 제르맹이 노발대발하여 말했다.

p.35 "하지만 나는 당신이 귀엽다는 것을 아는걸." 공작이 말했다.

"당신은 계속 저를 화나게 만들고 있어요." 제르맹이 말했다. "저는 곧 당신이 미워질 거예요."

"우리가 결혼할 때까지만 그 점에 대해서는 좀 기다려 주시오, 내 사랑." 공작이 말했다.

"당신은 무슨 일이든 진지해질 수는 없나요?" 제르맹이 소리쳤다.

"나는 유럽에서 가장 진지한 남자라오." 공작이 말했다.

제르맹은 창문으로 가서 바깥을 내다보았다.

공작은 자기 조상들 중 몇 사람의 초상화를 바라보며 홀을 왔다 갔다 했다. 소냐는 청첩장에 주소와 이름을 쓰느라 애쓰고 있었지만, 계속해서 공작을 바라보았다.

"왜 내 조상들의 초상화는 남겨두었는데, 내 초상화들은 내려둔 거요?" 공작이 태평스럽게 물었다.

p.36 제르맹이 창문에서 홱 몸을 돌렸다. 소냐는 봉투에 한창 주소와 이름을 쓰다가 멈추었고, 두 여자는 깜짝 놀라서 공작을 쳐다보았다.

"저쪽에 내 초상화가 있었잖소." 공작이 말했다. "그 그림을 어떻게 한 것이오?"

"당신은 또 저희를 놀리고 있군요." 제르맹이 말했다.

"무슨 일이 있었는지 공작님은 분명히 아실 텐데요." 소냐가 말했다. "공작님이 안 계시는 동안 저희가 그 일에 대해 편지를 드렸어요."

"나는 남극에 있는 동안 아무런 편지도 받지 못했소." 공작이 대답했다.

"하지만 온 파리가 다 그 일에 관해 떠들고 있었던 걸요." 제르맹이 말했다. "당신의 초상화는 도난당했어요."

"도난당하다니?" 공작이 말했다. "누가 그것을 훔쳤소?"

"제가 보여드릴게요." 제르맹이 말했다.

제르맹은 벽에서 커튼을 걷었다. p.37 벽에는 분필로 '아르센 뤼팽'이라고 쓰여 있었다.

"저 서명을 어떻게 생각하세요?" 제르맹이 물었다.

"아르센 뤼팽?" 공작이 깜짝 놀라며 말했다.

"그 사람이 서명을 남겼어요." 소냐가 말했다. "항상 그렇게 하는 것 같아요."

"그런데 뤼팽이 누구요?" 공작이 물었다.

"아르센 뤼팽이 누구인지 잘 아시잖아요?" 제르맹이 참지 못하고 말했다.

"나는 모르오." 공작이 말했다.

"오, 이런!" 제르맹이 말했다. "모두 알아요! 그 사람은 프랑스에서 가장 대단한 도둑이잖아요! 그 사람은 10년 동안 도둑질을 해 오고 있어요. 영국의 위대한 탐정 셜록 홈즈조차도 그 사람을 잡지 못했어요!"

"그가 어떻게 생겼소?" 공작이 물었다.

p.38 "아무도 몰라요." 제르맹이 대답했다. "수많은 변장을 하고 다녀서요."

"그 사람은 종종 가난한 사람들에게서 재산을 훔치는 부자들의 재산을 훔친답니다." 소냐가 열광적으로 말했다.

"그가 좋은 사람이라는 말처럼 들리는군." 공작이 말했다.

"좋은 사람이요?" 제르맹이 말했다. "그는 아버지한테서도 훔쳤어요! 당신 초상화만 훔친 것이 아니에요. 제 아버지의 소장품을 모두 가져갔어요."

"그것 참 흥미롭군." 공작이 말했다. "나는 그가 집안의 누군가에게서 도움을 받았을 것이라고 생각해."

"네, 한 사람이 그를 도와주었어요." 제르맹이 말했다.

"그것이 누구였소?" 공작이 물었다.

"아빠요!" 제르맹이 말했다.

"어?" 공작이 말했다. "그것이 무슨 말이오?"

"어느 날 아침 아빠가 편지를 받으셨어요." 제르맹이 말했다. p.39 "소냐, 뤼팽의 서류를 내게 갖다 줘."

소냐는 다른 책상으로 가서 서랍들 중 하나에서 서류 뭉치를 꺼냈다.

"이것이 편지봉투예요." 제르맹이 말했다. "아빠 앞으로 왔어요."

공작은 편지봉투를 열고 편지를 한 장 꺼냈다.

"이상한 필적이군." 공작이 말했다.
"자세히 읽어 보세요." 제르맹이 말했다.
편지에는 이렇게 적혀 있었다.

친애하는 선생,

우리는 서로를 소개받은 적이 없으므로 제가 이렇게 귀하께 편지를 쓰는 것에 대해서는 사과드립니다. 그러나 저에게는 충분한 이유가 있습니다. 저는 귀하의 댁에 있는 제가 찾는 아주 아름다운 그림들 목록을 동봉합니다.

p.40 저는 귀하가 이 여러 가지 물건들을 포장해서 마차 삯을 지불하여 그것들을 바티뇰 역으로 보내 주시기를 부탁드립니다. 그렇게 하지 않으시면 8월 7일 목요일 밤에 제가 직접 그 물건들을 가지러 가도록 하겠습니다.

폐를 끼쳐서 죄송합니다.

아르센 뤼팽 드림

추신: 귀하의 그림들 중 일부가 유리에 끼워져 있지 않다는 것이 방금 생각났습니다. 때로는 유리를 통해서는 그림도 잘 보이지 않는다는 것을 압니다만, 그림을 보호하기 위해 모든 그림이 유리로 덮여 있으면 좋겠습니다. 그림들을 저에게 보내시기 전에 그림에 유리를 덮어 주시기 바랍니다. – 아르센 뤼팽

"정말로 이거 아주 웃기는군." 공작이 말했다. "그 편지는 분명히 장인 어른이 허허 웃음 지으시게 만들었겠군."
"웃으셔요?" 제르맹이 말했다. "아니요, 아버지는 몹시 심각하셨어요."
p.41 "장인께서 그 그림들을 보내셨소?" 공작이 물었다.
"아니요, 하지만 아버지는 제정신을 잃기 일보직전이셨어요." 제르맹이 말했다. "경찰이 뤼팽을 막은 적이 없기 때문에 아빠는 군대에 계시는 친구 분이신 어느 대령님께 도와 달라고 부탁하셨어요. 대령님은 하사관 한 명과 여섯 명의 사병들을 보내 주겠다고 하셨지요. 우리는 7일 낮에 그들을 데려왔고 그들은 밤을 새기로 되어 있었어요. 그러나 아침에 모든 것을 도둑맞았어요! 병사들조차도 없어졌더군요!"
"놀랄 노 자로군!" 공작이 소리쳤다. "뤼팽이란 자가 병사들을 죽였다는 말이오?"

"하사관도 없었고, 사병들도 없었어요." 제르맹이 말했다. "하사관이 뤼팽이었고, 사병들은 그의 패거리들 중 일부였어요."

p.42 "이해가 안 되는군." 공작이 말했다. "대령이 장인어른께 하사관과 여섯 명의 사병들을 약속하셨잖소. 그들이 오지 않은 것이오?"

"그들은 기차역으로 왔어요." 제르맹이 말했다. "하지만 기차역과 저택 사이 중간쯤에 있는 작은 호텔 아시죠? 그들은 한잔하려고 그곳에 들렸죠. 누군가가 그들의 술에 약을 탄 거예요. 아침에 그들이 모두 숲에서 잠들어 있는 것을 호텔 주인이 발견했답니다."

"그 사람은 분명 아주 머리가 좋은 거로군." 공작이 말했다.

"그래요." 제르맹이 말했다. "지금 근처에 그가 있다고 해도 나는 놀라지 않을 거라는 거 알아요?"

"무슨 말이오?" 공작이 물었다.

"농담이 아니에요." 제르맹이 말했다. "이상한 일들이 일어나고 있어요. 집안의 누군가가 물건들을 옮기고 있고 심지어 일부를 가져가기도 한다니까요!"

## 공작, 개입하다

p.43 공작은 일어나서 창문으로 갔다. 그런 다음 공작은 깨진 창유리를 바라보았다.

"이건 심각해 보이는군." 공작이 말했다. "창문이 잘려나갔소. 장인어른께 귀중품을 잘 간수하시라고 말씀드려야겠소."

p.44 "내 말이 그 말이에요." 제르맹이 말했다. "내가 아르센 뤼팽이 근처에 있다고 말했잖아요."

"아르센 뤼팽은 아주 유능한 자요." 공작이 미소를 지으며 말했다. "하지만 그자가 프랑스에서 유일무이한 도둑이라고 생각할 이유는 전혀 없소."

"나는 뤼팽이 근처에 있다고 확신해요." 제르맹이 고집스럽게 말했다. "나는 그가 있다는 느낌이 들어요."

공작은 어깨를 으쓱했다. 공작은 다시 홀로 나갔고, 그러다가 문간에 서 있는 정원사를 보았다.

"아가씨를 뵈러 온 방문객들이 있습니다, 제르맹 아가씨." 정원사가 말했다.

"뭐야!" 제르맹이 말했다. "피르맹, 당신이 문을 열어 주고 있는 거야?"

"네, 제르맹 아가씨." 정원사가 말했다. "다른 하인들은 모두 이미 파리로 떠났습니다. 방문객들을 만나시겠어요?"

"그 사람들이 누구인데?" 제르맹이 물었다.

p.45 "약속이 있다고 말씀하시는 두 신사분들입니다." 정원사가 말했다.

"그 사람들의 이름이 뭐야?" 제르맹이 물었다.

"그분들의 이름은 모릅니다." 정원사가 말했다.

"참 잘하는 일이군." 제르맹이 말했다. "그 사람들을 들여보내. 샤롤레 부자일 리는 없는데. 그 사람들이 돌아오기에는 시간이 너무 이르거든."

"샤롤레 부자?" 공작이 물었다. "그들이 누구요?"

"조금 전에 두 신사가 집으로 왔어요." 제르맹이 대답했다. "저는 그분들이 조르주와 앙드레 두 뷔 형제라고 생각했었죠. 차를 마시러 오겠다고 약속했거든요. 저는 알프레드에게 그들을 들여보내라고 말했고, 놀랍게도 그 두 끔찍한 사람들이 나타난…… 오!"

제르맹은 갑자기 말을 멈췄다. 바로 그 두 명의 샤롤레 부자가 있었기 때문이었다.

p.46 "한 번 더 인사드립니다, 아가씨." 샤롤레 씨가 말했다.

샤롤레 씨의 아들은 절을 했고, 그 뒤로 또 다른 젊은이가 모습을 드러냈다.

"제 둘째아들입니다." 샤롤레 씨가 말했다. "약국을 가지고 있지요."

"정말 죄송합니다, 여러분." 제르맹이 말했다. "하지만 아버지께서는 아직 돌아오지 않으셨어요."

"사과는 하지 마세요." 샤롤레 씨가 말했고, 그와 그의 두 아들은 세 개의 의자에 각각 앉았다.

"아버지는 아마 앞으로 한 시간은 지나야 돌아오실 거예요." 제르맹이 말했다. "기다리시느라 시간을 낭비하실 필요는 없잖아요."

"오, 상관없습니다." 샤롤레 씨가 말했다. "그런데 기다리는 동안 이 집안 분이시라면, 선생님, 자동차 가격을 의논해도 될까요?" 샤롤레 씨가 공작에게 물었다.

"죄송합니다." 공작이 말했다. "제가 자동차를 팔 것은 아니어서요."

p.47 "이쪽으로 들어오시겠어요, 손님?" 피르맹이 현관에 있는 누군가에게 말했다.

세 번째 젊은이가 홀로 들어왔다.

"너는 왜 여기 있는 거냐, 버나드?" 샤롤레 씨가 말했다. "내가 공원 입구에서 기다리라고 했잖아."

"저도 자동차가 보고 싶었어요." 버나드가 말했다.

"제 셋째아들입니다." 샤롤레 씨가 말했다. "변호사가 되려고 공부하는 중이지요."

"주인님이 방금 돌아오셨습니다, 아가씨." 피르맹이 말했다.

"그것 참 다행이구나!" 제르맹이 말했다. "여러분, 저를 따라오시면 제가 여러분을 아버지께 안내해 드리겠어요. 그러면 자동차 가격을 의논하실 수 있을 거예요."

말을 하면서 제르맹은 문 쪽으로 향했다. 샤롤레 씨와 그의 아들들은 일어나서 제르맹을 위해 길을 열어 주었다. 아버지와 위의 두 아들들은 재빨리 제르맹을 따라 문 밖으로 나갔다. p.48 그러나 버나드는 뒤에 머물렀다. 버나드는 장식장에서 재빨리 물건을 낚아챘다. 그러나 공작이 버나드를 보고 그의 팔을 잡았다.

"아니, 이러면 안 되지, 젊은 친구." 공작이 날카롭게 말했다.

"뭐가 안 됩니까?" 버나드가 뿌리치려고 애쓰며 말했다.

"자네가 진주 펜던트를 가져갔잖아." 공작이 말했다.

"아니요, 그런 적 없어요." 버나드가 대답했다.

공작은 손을 버나드의 모자 속에 넣고 펜던트를 꺼내어 그의 눈앞에 들어올렸다.

"실수였어요!" 버나드가 말했다. "용서해 주세요! 아무에게도 말하지 마세요! 다시는 안 그럴게요!"

공작은 주저하면서 버나드를 내려다보았다.

"알았네." 공작이 천천히 말했다. "이번 한 번만……"

p.49 "고맙습니다!" 버나드가 말하고 홀을 떠났다.

공작은 문을 닫고 숨을 가쁘게 쉬며 소냐를 바라보았다.

"음, 저런 것을 전에도 본 적이 있소?" 공작이 물었다.

"아니요, 없어요!" 소냐가 말했다. "그 사람을 그냥 보내 주시다니 친절한 행동이셨어요!"

"왜 그러오?" 공작이 부드럽게 말했다. "몹시 창백하군요."

"그 일이 저를 당황스럽게 했거든요." 소냐가 말했다. "그 젊은이의 눈이 몹시 겁에 질려 있었고 몹시 아이 같더라고요!"

"당신은 아주 섬세하군요!" 공작이 위로하는 말투로 말했다. "당신은 이곳에서 아주 불행한 거 아니오?"

"제가요?" 소냐가 재빨리 말했다. "왜요?"

"당신의 미소는 아주 슬프고, 당신의 눈은 몹시 수줍어한다오." 공작이 천천히 말했다. "하지만 당신은 가족이나 친구가 없지 않소?"

p.50 "네." 소냐가 말했다.

"러시아에는 분명히 몇 명 있는 거죠?" 공작이 물었다.

"아니요." 소냐가 대답했다. "제 아버지는 정부에 대항해 싸우셨어요. 아버지는 제가 아기였을 때 시베리아에서 돌아가셨지요. 제 어머니는 제가 두 살 때 돌아가셨고요."

"그렇게 혼자가 됐으니 분명히 힘들었겠군요." 공작이 말했다.

"아니요." 소냐가 희미한 미소를 지으며 말했다. "저는 가족이 없는 것에 익숙해요. 저는 딱 한 가지만 원해요……"

"그러면 그것이 무엇이오?" 공작이 물었다.

"그러니까 저를 걱정해 주는 누군가에게서 편지 한 통 받으면 좋겠어요." 소냐가 대답했다. "하지만 그것은 터무니없지요……"

소냐는 공작을 보고 미소 지었다. 공작 역시 미소 지었다. 그들은 오랫동안 서로를 바라보았다.

"너는 아주 구제불능이 되어 가고 있구나, 소냐!" 제르맹이 갑자기 소리쳤다. "내 필통을 짐에 꾸려 넣으라고 했는데, 너는 아직도 안 했잖아."

p.51 "죄송해요." 소냐가 말했다.

"저기, 제르맹!" 공작이 말했다. "별것도 아니잖소."

"이 일은 당신과는 상관없는 일이에요, 자크!" 제르맹이 말했다.

"제르맹!" 공작이 말했다.

"저 편지봉투와 편지들을 집어 들고 모두 내 방으로 가져와." 제르맹이 소리쳤다. "빨리 그렇게 해!"

제르맹은 방을 달려 나갔고 뒤로 문을 쾅 하고 닫았다. 소냐는 조용히 편지들을 주워들기 시작했다.

"내가 도와주겠소." 공작이 말했다. "제르맹에 대해서는 몹시 미안하오. 마음은 착한데, 사람들에게 어떻게 말해야 하는지를 모르는 것뿐이오. 제르맹이 계속 잘 살아 왔기 때문에 그런 것이오."

p.52 "괜찮아요." 소녀가 대답했다. 소녀가 방을 나가기 전에, 공작은 그녀의 손을 잡고 입을 맞추었다. 소녀의 뺨은 발그레해졌다.

# 뤼팽에게 온 편지

p.53 공작은 생각에 잠겨 소녀가 나간 문을 응시하며 잠시 서 있었다. 그런 다음 공작은 나가서 정원을 지나 저택 주변을 걷기 시작했다. 정원 입구 근처에는 이야기를 나누는 한 무리의 사람들이 있었다.

p.54 사람들의 무리 가운데에는 크고 둥글둥글한 남자 구르네 마르탱 씨가 서 있었다. 그 백만장자는 손을 흔들면서 고함을 지르고 있었다.

"안 되오! 그것이 제가 제시하는 최저가요. 사든지 아니면 가시오."

"참 비싸군요." 샤롤레 씨가 슬퍼하며 말했다.

"비싸다고요!" 구르네 마르탱 씨가 고함쳤다. "100마력짜리 자동차를 800파운드에 팔겠다는 사람은 아무도 없을 거요! 차를 타 보기 전까지는 더 이상 말씀을 하지 마시오."

"이봐, 장, 이 신사분들을 차고로 모시고 가서 역까지 차로 모셔다 드리게." 구르네 마르탱 씨가 말했다. "차의 성능을 보여드리라는 말이네." 그런 다음 구르네 마르탱 씨는 샤롤레 씨에게 몸을 돌렸다. "아시다시피, 당신은 제가 감당하지 못할 만큼 너무나 훌륭한 사업가이십니다. p.55 같이 가셔서 한번 시승해 보시지요. 안녕히 가시오."

네 명의 샤롤레 부자는 크게 낙담하여 작별 인사를 웅얼거리고 장을 따라 떠났다. 그들이 모퉁이 근처에 갔을 때 백만장자는 공작에게 몸을 돌렸다.

"차는 4년 된 것이지." 백만장자가 유쾌하게 말했다. "저 사람은 나에게 자동차 값으로 800파운드를 줄 거야. 그 차는 그럴 정도의 가치는 없지."

"새로운 소식이 있나요?" 공작이 태평하게 말했다.

"있지." 백만장자가 살찐 손을 맞대고 비비며 만족스럽게 말했다. "그들이 서류에 서명을 했네. 자네는 상을 받게 될 거야."

"오, 아주 듣기 좋은 이야기이네요."라고 말했으나, 공작은 크게 신경 쓰는 것 같지 않았다.

"자네도 알다시피, 나는 내 딸을 사회의 일꾼과 결혼시키고 싶다네, 공작 사위." 백만장자가 커다란 왼손을 오른손으로 찰싹 때리며 말했다. p.56

"나는 내 딸을 사회에서 중요한 인물과 결혼시키고 싶어."

공작이 점잖게 웃었다.

"무엇 때문에 웃는 것인가?" 백만장자가 말했다.

"아무것도 아닙니다." 공작이 조용하게 말했다. "정말이지 장인어른은 굉장히 놀라운 분이십니다."

"내가 자네를 놀래켰나?" 구르네 마르탱 씨가 말했다. "나도 그럴 거라고 생각했네. 내가 놀랄 게 많은 사람이라는 것은 사실이야. 그게 내가 아는 지식이지. 나는 많은 것을 알고 있다네. 사업을 이해하고, 예술과 그림을 아주 좋아하지. 그래, 확실히 나는 아름다운 것들을 아주 사랑해. 나는 좋은 감각이 있다네."

"네, 장인어른의 수집품들은, 특히 파리에 있는 수집품들은 아주 훌륭해요." 공작이 하품하지 않으려고 애쓰며 말했다.

"그런데 자네는 내가 가지고 있는 것 중 가장 아름다운 것은 아직 보지 못했다네." 백만장자가 말했다. "그것은 람발공 부인의 보관이지. p.57 50만 프랑이나 나간다네."

"저도 그렇게 들었습니다." 공작이 말했다. "뤼팽이 장인어른을 부러워하는 것은 놀랄 일이 아니지요."

"그 돼지 같은 놈 이야기는 하지 말게." 백만장자가 고함쳤다. "내 앞에서 그놈의 이름을 거론하지 말게나."

"제르맹이 제게 뤼팽의 편지를 보여 주었습니다." 공작이 말했다. "재미있어요."

"편지가 왔습니다, 주인님." 피르맹이 두 사람에게 다가오며 갑자기 말했다.

"고맙네." 편지를 받으며 백만장자가 말했다. "맙소사!"

"무슨 일입니까?" 공작이 의자에서 벌떡 일어서며 말했다.

"같은 필적이야!" 백만장자가 숨을 헉 하고 멈추었다. 백만장자는 의자로 쓰러졌다. 쿵 소리가 났다. 의자는 부서졌고 백만장자는 바닥에 넘어졌다. 공작은 웃기 시작하더니 계속해서 웃었다. p.58 공작은 백만장자에게 손을 내밀어 그가 일어서도록 도와주었다.

"자요." 공작은 여전히 웃으며 말했다. "이거 참 터무니없군요! 같은 필적이라니 무슨 말씀이세요? 그럴 리가 있나요."

"같은 필적이라니까." 백만장자가 대답했다. 그리고 백만장자는 편지봉투를 찢어서 열었다.

"들어 보게." 백만장자가 말했다.

친애하는 선생,

제가 3년 전에 귀하의 그림을 시작으로 기쁨을 누린 제 그림 수집품들은 완벽하지 않습니다. 저는 내일 파리에 있는 귀하의 저택에서 귀하의 그림들을 좀 더 가져가야겠습니다.

아르센 뤼팽 드림

p.59 "그가 농담을 하고 있군요." 공작이 말했다.
"잠깐!" 백만장자가 숨을 가쁘게 쉬었다. "추신이 있어. 들어 보게."

추신: 귀하가 람발공 부인의 보관을 가지고 계시니 제가 그것도 가져가야겠습니다. - A.L.

"도둑놈!" 백만장자가 자신의 옷깃을 움켜쥐며 소리쳤다. "경찰서장에게 전화하게!"

제르맹과 소냐가 왔다. 제르맹은 자기 아버지를 무기력하게 바라보며 서 있었다.

"무슨 일이에요?" 제르맹이 물었다.

"이 편지 때문이오." 공작이 말했다. "뤼팽에게서 온 편지요."

"내가 그랬잖아요." 제르맹이 의기양양하게 말했다. "뤼팽이 근처에 있다니까요."

"피르맹은 어디에 있나?" 백만장자가 말했다. "오, 저기 있군!"

p.60 백만장자는 벌떡 일어나 정원사의 어깨를 잡고 몹시 노하여 흔들었다.

"이 편지 말이네." 백만장자가 고함쳤다. "어디에서 났지? 누가 가지고 왔어?"

"그 편지는 우편함 속에 있었어요." 피르맹이 말하고 백만장자의 손아귀에서 빠져나왔다. "제 아내가 그곳에서 그 편지를 발견했습니다."

"나한테 전화를 가져와." 백만장자가 소리쳤다.

"하지만 전화는 도움이 안 돼요." 소나가 재빨리 말했다.

"도움이 안 된다니!" 백만장자가 소리쳤다. "왜 도움이 안 돼?"

"시간을 보세요." 소나가 말했다. "이렇게 늦은 시간에는 전화가 작동하지 않아요. 오늘은 일요일이에요."

"사실이야." 백만장자가 말했다.

"지금이 몇 시죠?" 공작이 자신의 시계를 꺼내며 말했다.

백만장자는 자기 시계를 꺼냈다.

"7시 7분이군요." 공작이 신경질적으로 말했다. p.61 "자, 저는 차를 타고 파리로 서둘러 출발하겠습니다. 저는 아침 2~3시에 파리에 도착할 거예요. 경찰에 알리고 도둑들을 잡기에 딱 적당한 시간일 것입니다. 몇 가지만 한꺼번에 하면 됩니다."

그렇게 말하고 공작은 홀에서 달려 나갔다.

"훌륭하군, 훌륭해!" 백만장자가 말했다. "우리 모두 파리로 갈 거야. 나는 이 집에 있는 물건들은 신경 쓰지 않아. 중요한 것은 전부 파리에 있으니까."

## 샤롤레 부자, 다시 오다

p.62 백만장자가 집을 나가자마자 샤롤레 씨와 그의 세 아들이 창문을 통해 방으로 들어왔다. 그들 뒤로 백만장자의 차를 몰았던 남자, 장이 따라 들어왔다.

"바깥 홀로 들어가는 문을 맡게, 장." 샤롤레 씨가 낮은 목소리로 말했다. p.63 "버나드, 거실 안으로 들어가는 저 문을 맡아. 피에르와 루이는 내가 서랍 뒤지는 것을 도와라. 가족들 전체가 파리로 가려고 하니까 빨리 하지 않으면 자동차를 확보하지 못할 거야."

"그 편지를 보내지 않았다면 파리에 있는 집을 도둑질하는 것이 더 간단했을 거예요." 장이 말했다.

"편지 한 통이 우리에게 무슨 해를 끼치겠어, 이 바보야?" 샤롤레 씨가 말했다. "오늘은 일요일이야. 우리는 보관을 얻기 쉽게 그들이 내일은 피곤하기를 원하지. 그것은 분명히 파리에 있어. 내가 이미 이곳에서 몇 시간 동안 모든 것을 뒤지고 있는 중이니까."

다른 사람들이 값비싼 물건들을 찾아 서랍을 뒤지는 동안 장과 버나드는 문을 감시했다.

"파리에 있는 저택 열쇠들은 어디에 있는 거야?" 샤롤레 씨가 투덜거렸다. "나는 반드시 그 열쇠들을 가져야 해!

p.64 그들은 마지막 장식장을 열어 보려고 애썼다. 그것은 닫혀 있었다.

"잠겨 있어. 당연하겠지만!" 샤롤레 씨가 말했다. "재수가 좋군! 와서 그것을 열어라, 피에르. 머리 좀 써 봐!"

샤롤레 씨가 기술자라고 설명했던 아들은 재빨리 장식장으로 갔다. 그들은 장식장이 열릴 때까지 자물쇠와 씨름했다. 그런 다음 그들은 서랍을 모두 꺼냈다.

"빨리 해요!" 장이 말했다. "구르네 마르탱 씨가 돌아오고 있어요."

장이 홀로 내려오면서 지나갈 때 등불 가운데 하나를 껐다. 일곱 번째 서랍 안에 열쇠 다발이 놓여 있었다. 샤롤레 씨는 그 열쇠들을 낚아채고 자기 주머니에서 열쇠 몇 개를 꺼냈다. 샤롤레 씨는 그것들을 대신 서랍 안에 넣었다. 그들은 모두 창문을 뛰어넘어 마당으로 달려 나갔다.

p.65 구르네 마르탱 씨가 들어왔다.

"사람이다!" 백만장자가 소리쳤다. "도둑이야! 피르맹!" 백만장자는 지금 막 창문으로 나가는 누군가의 등을 간신히 보았던 것이었다. 백만장자는 창문으로 달려갔다. 누군가가 들어와서 자신의 목을 베기라도 할 것처럼 백만장자는 겁에 질린 눈으로 계속 창문을 바라보았다.

"피르맹!" 백만장자가 다시 소리쳤다. "공작!"

공작이 조용히 홀 안으로 들어왔다.

"제가 장인어른이 부르시는 것을 들었던 거죠?" 공작이 말했다.

"부르다니?" 백만장자가 말했다. "나는 고함을 쳤어. 도둑들이 이미 여기 와 있네. 그들 중 한 명을 방금 봤어. 그놈은 가운데 창문을 뛰어넘었어."

공작은 눈썹을 치켜 올렸다.

"그냥 스트레스를 받으신 거예요." 공작이 상냥하게 말했다.

p.66 "스트레스가 아니야!" 백만장자가 말했다. "내가 자네를 지금 볼 수 있는 것처럼 그놈들을 봤다니까!"

"하지만 제가 보이실 리가 없잖아요!" 공작이 말했다. "불 켜진 등불은 하나뿐이니까요."

"저 바보 같은 피르맹 녀석이로군!" 백만장자가 소리쳤다. "등불을 여섯 개 켜 뒀어야지. 피르맹!"

그들은 정원사의 장화 소리를 들으려고 귀를 기울였지만, 그 소리는 들리지 않았다.

"저기, 창문들을 닫아야겠군요." 공작이 말했다. "피르맹을 여기 남겨두고 총을 들고 집을 지키게 하시는 게 어떠세요? 그러면 우리가 파리에 갈 수 있을 테니까요. 네, 저는 파리로 서둘러 가는 것이 좋겠습니다. 장인어른은 제르맹과 함께 천천히 따라오셔야 합니다. 제르맹은 빠른 차를 좋아하지 않으니까요. 제가 파리에 빨리 도착할수록 장인어른 그림에는 더 좋습니다. 저는 크리슈노프 양과 이르마를 데리고 가겠습니다."

"아니, 내가 이르마와 제르맹을 데리고 가겠네." 백만장자가 말했다. "제르맹은 이르마를 데리고 가는 것을 더 좋아할 거야. 제르맹은 자기 하녀 없이 파리에 가는 것을 좋아하지 않을 거야."

p.67 거실 문이 열리고 제르맹이 들어오고 소냐와 이르마가 뒤따라 들어왔다. 그들은 자동차 여행용 옷을 입었다. 소냐와 이르마는 핸드백을 들고 있었다.

"한밤중에 떠나야 한다는 것은 아주 성가셔요." 제르맹이 말했다.

"음, 그러면 너는 내가 방금 여기 이 방에서 도둑을 보았다는 말을 들으면 흥미로워하겠구나." 백만장자가 말했다. "내가 그놈을 놀래서 그놈이 창문을 뛰어넘었단다. 소냐, 내 열쇠를 가지고 파리의 집으로 가거라."

소냐는 주머니에서 자신의 열쇠를 꺼내어 장식장으로 갔다. 소냐는 열쇠 하나를 자물쇠로 밀어 넣고 그것을 돌리려고 했다. 열쇠는 돌아가지 않았고, 소냐는 그것을 쳐다보려고 몸을 숙였다.

"누군가가 자물쇠를 부수었어요!" 소냐가 말했다.

"내가 도둑을 보았다고 말했잖아!" 백만장자가 의기양양하게 말했다. p.68 "그놈이 열쇠들을 찾고 있었군."

"열쇠들은 여기 있어요!" 소냐가 서랍에서 열쇠들을 꺼내어 그것들을 들어 올리며 말했다.

"그렇다면 내가 제때에 맞추어 왔군." 백만장자가 말했다. "도둑이 열쇠들을 가져가기 전에 내가 그놈을 놀라게 했어."

"장인어른 말씀이 맞았습니다!" 공작이 말했다. "그러나 저 열쇠들은 나에게 주는 것이 좋겠소, 소냐 양. 우리가 맨 먼저 파리에 갈 테니까."

소냐는 열쇠들을 공작에게 건넸다. 소냐에게서 열쇠들을 가져갈 때 공작은 아주 잠깐 동안 그녀의 손을 잡았다. 방이 너무 어두웠기 때문에 다른 사람들은 공작이 이렇게 하는 것을 볼 수가 없었다. 갑자기 그들은 창문에 떨어지는 빗방울 소리를 들었다.

"비가 오네!" 제르맹이 말했다. "비가 오는데 우리가 어떻게 차를 탈 수 있겠어?"

그들은 빗소리를 들으며 3~4분 동안 가만히 앉아 있었다.

"그런데 차들은 어디에 있죠?" 공작이 마침내 물었다. p.69 "장은 왜 이렇게 오래 걸리고요?"

"장!" 백만장자가 불렀다. "피르맹!"

대답이 없었다.

## 차량 절도

p.70 그날 밤은 아주 깜깜했다. 비는 사람들의 얼굴을 때렸다.

"장! 피르맹! 피르맹! 장!" 백만장자가 다시 불렀다.

어둠 속에서는 아무 대답도 나오지 않았다.

공작은 백만장자의 팔을 잡고 그를 계단 아래로 끌고 갔다. p.71 그들은 자동차가 보관되어 있는 차고로 들어갔다. 공작은 갑자기 걸음을 멈추었다.

"무슨 일이 일어난 거야?" 공작이 물었다.

세 대의 차 대신 한 대의 차만 있었다. 그것은 100마력짜리 차였다. 그것은 좌석이 둘 밖에 없는 경주용 차였다. 장과 피르맹이 그곳에 앉아 있었다.

"거기에는 왜 앉아 있는 거야?" 백만장자가 고함을 쳤다.

두 사람 모두 대답하지 않았고 움직이지도 않았다.

"도대체 이게 뭐야?" 공작이 말했다. 공작은 등불을 하나 쥐고 그것을 사람들 위로 들어 올렸다. 그들은 둘 다 차에 묶여 있었다.

공작은 주머니에서 칼을 꺼내 차 안으로 들어가 피르맹을 풀어 주었다. 피르맹은 기침을 하고 고함을 쳤다. 공작은 장을 풀어 주었다.

"음." 공작이 말했다. "자네들 무슨 장난을 치고 있는 것인가?"

p.72 "샤롤레 집안 놈들이었어요!" 피르맹이 투덜거렸다.

"그들이 차를 훔쳤어요!" 장이 말했다.

"그들이 차를 훔치다니?" 백만장자가 소리쳤다.

공작은 웃기 시작했다.

"이것은 내가 들어 본 이야기 중 가장 웃기는 이야기입니다." 공작이 말했다.

"웃기다고!" 백만장자가 악을 썼다. "내 그림들과 보관은 어떤가?"

"자, 이것은 우리 계획의 변화를 뜻합니다." 공작이 말했다. "제가 여기 있는 이 차를 타고 파리에 도착해야 하겠네요."

"이 차는 아주 오래되고 고물이라네." 백만장자가 말했다. "자네는 절대로 그렇게 하지 못할 거야."

"신경 쓰지 마십시오." 공작이 말했다. "아무튼 그렇게 해야 해요. 하지만 이 저택에 장인어른과 제르맹을 남겨 놓고 떠나기는 싫군요. 도둑들이 돌아오면 어쩌죠?"

p.73 "우리를 두고 가면 안 되네." 백만장자가 말했다. "기차는 늘 있으니까."

"기차요!" 공작이 말했다. "하지만 기차는 12시간이 걸려요."

"따라오게." 백만장자가 말했다. "나는 가서 제르맹에게 이야기를 해 주어야 하네. 낭비할 시간이 없어." 백만장자는 서둘러 저택으로 떠났다.

"등불에 불을 밝히게, 장." 공작이 말했다. "그리고 탱크에 기름을 꼭 가득 채우도록 해. 아무튼 나는 파리로 차를 가져갈 거니까."

공작은 저택으로 돌아갔고, 피르맹이 그를 뒤따라갔다.

"다음 기차는 몇 시에 있죠?" 제르맹이 물었다.

"내 시간표에 따르면, 다음 기차는 오후 9시에 있소." 공작이 대답했다.

"역까지는 어떻게 가실 거예요?" 제르맹이 아버지에게 물었다.

p.74 "짐마차가 있습니다." 피르맹이 말했다.

"짐마차라고!" 제르맹이 말했다. "잠깐. 기차에 식당 칸은 있어? 나는 배를 곯고 싶지는 않아."

"물론 식당 칸은 없지." 아버지가 말했다. "우리는 지금 뭘 좀 먹고 또 뭘 좀 가져가기도 해야 해."

"소냐, 이르마, 빨리!" 제르맹이 소리쳤다. "피르맹 유모에게 오믈렛을 만들어 달라고 해. 어서!"

소냐는 홀의 문 쪽으로 다가갔고 이르마가 뒤를 따랐다.

"잘 가요. 그리고 안전한 여행을 하기 바라오, 소냐 양." 공작이 말했다.

"안녕히 가시고 안전한 여행 하세요, 공작님." 소냐가 말했다. "부디 조심하세요. 이런 밤에 공작님께서 파리로 서둘러 가신다는 생각은 하고 싶지 않아요. 부디 조심하세요."

"조심하겠소." 공작이 말했다.

자동차 나팔의 경적 소리가 장이 자동차를 저택 현관까지 가져왔음을 알렸다. p.75 공작이 내려와 제르맹의 손에 입을 맞추고 백만장자와 악수를 하고 그들에게 작별 인사를 했다. 그런 다음 공작은 저택을 나가 자동차로 갔다.

잠시 후에 문에서 노크 소리가 났고 장이 나타났다.

"공작님이 저더러 제가 피르맹이 집 지키는 것을 도와야 한다고 하셨습니다." 장이 말했다.

백만장자는 장에게 집을 지키라는 지시를 내렸다. 그때 소냐가 그들을 식당으로 불렀고 그들은 차갑게 식은 저녁 식사를 먹었다. 장이 총을 팔에 끼고 들어와 피르맹이 짐마차를 준비해 두었다고 말했을 때는 그들이 거의 식사를 끝냈을 무렵이었다.

"따라와." 백만장자가 말했다. "우리는 역에 도착해야 해."

그들은 모두 짐마차에 올라탔다. p.76 좌석은 작고 불편했다.

"프랑스의 아들들이여, 용감해지게!" 백만장자가 장과 피르맹에게 말했다.

짐마차는 습하고 어두운 밤 속으로 떠났다.

장과 피르맹은 짐마차가 어둠 속으로 사라지는 것을 지켜보았다. 그런 다음 그들은 저택으로 들어가 문을 닫았다. 그들은 총기실로 갔다. 그들은 둘 다 총을 골라들고, 장은 약간의 음식과 읽을 신문을 가져갔다.

"도둑들과 싸울 때 가장 중요한 것은 먼저 쏘는 것이죠." 장이 피르맹에게 말했다. "안녕히 가세요. 좋은 꿈꾸시고요."

장은 문을 닫고 열쇠를 돌렸다.

피르맹은 밤의 어둠으로 시커먼 텅 빈 홀과 창문을 걱정스러워하며 둘러보았다. 빗소리가 나는 가운데 장은 발자국 소리를 들었다. 장은 홀로 내려가 부엌으로 갔다.

p.77 피르맹의 아내는 식탁에 그의 저녁 식사를 차려두었다.

"세상에!" 피르맹이 말했다. "나는 전에 이렇게 무서운 적이 없었어."

"무서워요?" 피르맹의 아내가 물었다. "뭐가요?"

"도둑들이지!" 피르맹이 말했다.

"어머나 맙소사!" 피르맹의 아내가 말했다. "홀의 문을 잠그고 부엌으로 오세요. 도둑들이 부엌에서 도둑질을 하려고 귀찮게 하지는 않을 거예요."

"하지만 주인님의 귀중품들은 어떡하고?" 피르맹이 말했다.

"자기 귀중품은 자기가 지키라지요." 피르맹의 아내가 말했다. "몇 가지 귀중품 때문에 당신을 죽게 하고 싶지는 않아요. 가서 저 문을 잠그고 저녁 식사를 하세요."

피르맹은 홀의 문을 잠갔다. 그런 다음 피르맹은 부엌문을 잠갔다. 피르맹은 앉아서 저녁을 먹기 시작했다. 별안간 피르맹 부부는 문 두드리는 소리를 들었다. p.78 부부는 공포로 얼어붙었다. 그들은 5분 동안 문 두드리는 소리를 들었다.

"주인님 목소리인 것 같아요." 마침내 피르맹의 아내가 말했다.

"주인님 목소리다!" 피르맹이 말했다.

"맞아요." 피르맹의 아내가 말했다. 그리고 피르맹의 아내는 두꺼운 문의 자물쇠를 풀고 문을 조금 열었다.

백만장자가 겁먹은 피르맹 부부에게 고함을 지르고 홀로 들어왔다. 제르맹이 백만장자를 뒤따라 들어왔다.

"자정까지는 기차가 없었어!" 제르맹이 말했다. "나는 자정에 떠나는 기차는 절대로 안 탈 거야. 아침까지 기다릴래!"

## 공작, 도착하다

p.79 경찰서에 있는 모든 사람은 그날 졸렸다. 그들은 모두 하품을 하고 긴 밤이 마침내 지나가기를 기다렸다. 길거리의 적막은 요란한 자동차 소리에 의해 깨어졌다. 자동차는 경찰서 문 앞에 멈췄고, 경찰관들의 시선은 문으로 향했다.

p.80 문이 열리고 젊은 남자가 문간에 서 있었다.

"나는 샤르메라스 공작이오." 공작이 말했다. "구르네 마르탱 씨를 대신하여 여기 온 것이오. 어젯밤 구르네 마르탱 씨는 아르센 뤼팽에게 편지를 받았소. 그 편지에 뤼팽은 오늘 아침 구르네 마르탱 씨의 파리에 있는 저택에 침입하겠다고 적었더군요."

아르센 뤼팽의 이름을 듣고, 경찰관들은 의자에서 벌떡 일어났다. 그들은 즉시 의욕으로 가득 찼다.

"제게 편지를 보여 주세요, 공작님!" 조사관이 말했다.

공작은 조사관에게 편지를 건넸다.

"네, 필체는 잘 압니다." 조사관이 편지를 읽으며 말했다. "맞습니다, 맞아요. 그 작자의 통상적인 편지예요."

"허비할 시간이 없소." 공작이 빠르게 말했다. "나는 한 시간 전에 그곳에 도착했어야 합니다. 하지만 내 차는 고장이 났소."

p.81 "따라오시죠, 공작님." 조사관이 말했다. 공작과 네 명의 경찰관은 함께 구르네 마르탱의 저택으로 향했다.

3분 후, 그들은 그 저택에 갔다. 저택 안에 누군가가 살고 있다는 신호는 전혀 없었다. 창문은 모두 닫혀 있었고, 굴뚝에서는 아무런 연기도 나지 않았다.

주머니에서 열쇠 꾸러미를 꺼내면서 공작은 계단을 올라갔다. 경찰이 공작을 뒤따랐다. 공작은 열쇠 꾸러미를 바라보고 열쇠들 중 하나를 골라내어 자물쇠에 끼웠다. 그 열쇠로는 문이 열리지 않았다. 공작은 그 열쇠를 빼고 다른 열쇠를 하나씩 끼워 보았다. 문은 여전히 잠겨 있었다.

"제가 해 보죠, 공작님." 조사관이 말했다. "제가 그 일에는 더 익숙합니다. 제가 더 빠를 거예요."

p.82 공작은 열쇠들을 조사관에게 건네주었고, 조사관은 하나씩 그 열쇠들을 자물쇠에 끼워 보았다. 소용없었다. 그 열쇠들 중 아무것으로도 문이 열리지 않았다.

"그들이 나에게 열쇠들을 잘못 주었군." 공작이 말했다. "아니면…… 무슨 일이 일어났는지 알겠소. 열쇠들이 바뀌치기 된 거요."

"바뀌치기요?" 조사관이 말했다. "언제요? 어디서요?"

"어젯밤에 다른 집에서요." 공작이 말했다. "구르네 마르탱 씨는 도둑이 저택 홀의 창문들 중 하나를 뛰어넘어 나가는 것을 보았다고 말씀하셨소. 우리는 열쇠가 보관되어 있던 장식장 자물쇠가 부서져 있던 것을 발견했어요."

"저쪽에 있는 문을 열어 보게." 조사관이 오른쪽에 있는 옆문을 가리키며 경찰관에게 소리쳤다. 그 문에는 자물쇠가 채워져 있었다.

"가정부가 있소. 빅투아르 부인이라는 여자요." 공작이 말했다. "목이 잘려 있는 가정부를 발견하지 않기를 바랍시다."

p.83 "그런 짓은 뤼팽의 방식이 아닙니다." 조사관이 말했다. "뤼팽은 사람을 해치지 않아요."

"아무튼 그들이 지금 문을 열어 줄 수 있는지 의문이오." 공작이 말했다. "그냥 문을 부수어야 하지 않겠소?"

조사관은 주저했다.

"사람들은 문을 부수어 여는 것을 좋아하지 않습니다." 조사관이 말했다. "그리고 구르네 마르탱 씨가……."

"오, 그에 대해서는 내가 책임지겠소." 공작이 말했다.

"오, 공작님께서 그렇게 말씀하신다면야……." 조사관이 말했다. "앙리, 라그노에 가서 열쇠공에게 이야기하게. 가능한 한 빨리 그를 데려와."

경찰관은 서둘러 자리를 떴다. 다른 경찰관들은 단서를 찾으러 집 주변을 수색하기 시작했다. 공작은 경찰관들이 수색하는 동안 긴장을 풀었다.

**p.84** 경찰관들이 돌아왔고, 그들은 언짢아 보였다.

"아무것도 발견하지 못했소?" 공작이 물었다.

"아무것도요." 경찰관들 중 한 명이 말했다.

그는 계단을 올라가 문을 두드렸다. 아무도 문 두드리는 소리에 응답하지 않았다. 열쇠공과 앙리가 드디어 도착했다. 그들은 문을 열지 못했다.

"자르게." 공작이 말했다.

마침내 문이 열렸다. 경찰관들은 총을 꺼내어 문으로 들어갔다. 그들은 블라인드를 열었다. 그 집은 평범해 보였다. 아무것도 건드리거나 도난당한 것처럼 보이지 않았다.

"집사는 어디에 있지?" 조사관이 말했고, 다른 경찰관들은 집사의 방으로 열린 오른쪽에 있는 작은 문으로 서둘러 들어갔다.

"집사와 그의 아내가 묶여 있습니다." 경찰관들 중 한 명이 말했다.

**p.85** "위층으로 올라갑시다." 공작이 말했다. "도둑들이 여전히 그곳에 있을지도 모르오."

공작은 빠르게 계단 위로 달려 올라갔고, 경찰관들이 뒤따랐다. 그들은 너무 늦게 도착한 것이었다.

방은 어질러져 있었다. 의자들은 뒤집혀 있었고, 멋진 그림들이 걸려 있던 벽에는 텅 빈 공간이 있었다. 문을 마주보고 있는 창문은 활짝 열려 있었다. 그들은 창가에 있는 사다리의 맨 위쪽을 볼 수 있었다.

공작과 조사관은 창문으로 달려가 정원 안을 내려다보았다. 정원은 텅 비어 있었다.

공작은 창문에서 돌아서 맞은편 벽을 바라보았고, 그런 다음 빠르게 그곳으로 다가갔다.

"여기를 보시오." 공작이 말하고 어떤 그림이 걸려 있던 텅 빈 공간들 중 한 곳의 중앙을 가리켰다.

p.86 그곳에는 파란 분필로 깔끔하게 '아르센 뤼팽'이라는 글자가 적혀 있었다.

"이것은 유명한 형사인 게르샤르 경감의 일입니다." 조사관이 말했다. 그리고 조사관은 전화기로 달려갔다. 조사관은 전화기에 다급하게 소리치고 있었다. 공작은 안락의자에 앉아 조사관을 기다렸다. 전화 통화를 끝냈을 때, 조사관은 도둑들의 흔적을 찾기 위해 두 개의 방을 수색하기 시작했다. 조사관은 아무것도 발견하지 못했다.

"다음에 할 일은 가정부를 찾는 일입니다." 조사관은 말했다. "가정부는 여전히 자고 있을지도 모릅니다."

"이 모든 것이 참으로 흥미롭소." 공작이 말했다.

"빅투아르 부인! 빅투아르 부인!" 그들은 두세 번 불렀으나 대답이 없었다.

p.87 그들은 방마다 차례로 문을 열고 안을 들여다보았다.

"여기 있습니다." 경찰관들 중 한 명이 말했다. 그들이 들여다보고서 침대가 정돈되지 않은 것을 보았다. 분명히 빅투아르 부인이 그 침대에서 잔 것이었다.

"빅투아르 부인이 어디에 있을까요?" 공작이 말했다.

"저는 빅투아르 부인이 도둑들과 함께 있을 것으로 예상합니다." 조사관이 말했다. "아마도 그녀가 도둑들을 도와주었을 것입니다."

경찰은 집을 수색하기 시작했다. 그들은 가정부도, 혹은 단서도 찾아내지 못했다. 도둑들은 오로지 그 방 하나에서만 물건들을 가져간 것 같았다. 집사와 그의 아내는 도둑들이 누구인지 보지 못했다고 말했다.

"구르네 마르탱 씨가 그분이 너무 늦게 도착한다면 게르샤르 경감을 불러 달라고 나에게 부탁하셨소." 공작이 말했다 "게르샤르 경감과 이 아르센 뤼팽 사이에는 전쟁이 벌어진 듯하군요."

p.88 "좋은 생각입니다." 조사관이 말했다. 그들은 경찰 본부에 전화를 걸고 수화기를 공작에게 주었다.

"나는 샤르메라스 공작이오." 공작이 말했다. "구르네 마르탱 씨가 아르센 뤼팽을 잡게 게르샤르 경감을 부르라고 나에게 부탁하셨소."

전화로 얼마간 이야기를 한 후, 그들은 마침내 게르샤르 경감이 갈 시간을 내기 전까지 사건을 해결하는 데 도움을 줄 두 명의 형사를 보내겠다고 공작에게 말했다. 그때 게르샤르 경감은 비번이었다. 대신에 그들은 다른 형사부장인 포르메리 형사를 그날 오후에 보내 주기로 했다.

그들은 모두 아침 식사를 하고 형사들이 도착할 때까지 쉬기로 결정했다. 마침내 형사들이 도착했고, 그들은 단서를 찾아 집을 수색하고 집사와 그의 아내를 면담했다. 집 수색을 끝냈을 때 그들은 공작에게 아무런 단서를 찾지 못했다고 말했다.

## 포르메리 형사부장, 수사를 개시하다

p.89 마침내 포르메리 형사부장이 도착했다. 포르메리 형사부장은 반짝이는 눈을 지닌 통통한, 분홍 피부색의 작은 남자였다. 포르메리 형사부장의 콧수염은 칫솔처럼 보였다.

"이곳이 도둑질 현장인가?" 포르메리 형사부장이 쾌활하게 말했다.

p.90 "네, 형사부장님." 조사관이 말했다. "이 두 방이 손을 댄 유일한 방인 것 같습니다. 그 방들에서 보석들을 도둑맞았을지 모릅니다."

"엄청난 손해로군. 하지만 우리가 머지않아 그 보석들을 되돌려 드릴 것입니다." 포르메리 형사부장이 말했다. "이 방 안에서 아무것도 건드리지 않았기를 바라네. 자세히 설명해 주시오, 조사관."

"뤼팽은 항상 도움을 받아 일합니까?" 공작이 대화 도중에 끼어들었다.

"왜 뤼팽을 거론하는 것입니까?" 포르메리 형사부장이 신경질적으로 물었다.

"내 장인어른 되실 분께서 어젯밤에 받으신 뤼팽으로부터 온 편지가 있습니다."

"뤼팽이라고요!" 포르메리 형사부장이 참지 못하고 말했다. "모두들 머릿속에 뤼팽 생각만 있군! 그놈의 이름을 듣는 것은 신물이 납니다. 그 편지는 가짜일 수도 있습니다."

p.91 "게르샤르 경감이 어떻게 생각할지 궁금하군요." 공작이 말했다.

"게르샤르 경감이요?" 포르메리 형사부장이 말했다. "게르샤르 경감이 도와주기를 바라십니까? 게르샤르 경감은 그 누구보다도 뤼팽에게 집착하고 있습니다."

"하지만 구르네 마르탱 씨는 게르샤르 경감님을 부르라고 내게 부탁하셨습니다." 공작이 말했다. "저는 이미 그들에게 게르샤르 경감님을 보내 달라고 부탁했어요."

"오, 그래요. 게르샤르 경감에게 이미 부탁하셨다면 어쩔 수 없겠지만 요." 포르메리 형사부장이 신경질적으로 말했다. "하지만 그럴 필요 없으셨습니다."

"나는 몰랐습니다." 공작이 정중하게 말했다.

"아르센 뤼팽이 집 곳곳에 단서를 남기지는 않습니다." 포르메리 형사부장이 말했다. "여기에는 아주 많은 단서가 있군요. 우리가 뤼팽에 대한 그 어리석은 농지거리를 또 다시 가질 겁니까? 도둑들은 이 창문으로 들어왔고, 이 창문으로 나갔습니다."

p.92 포르메리 형사부장은 방을 가로질러 높이가 높은 금고로 갔다. 금고는 우단으로 덮여 있었다. 포르메리 형사부장은 금고를 열려고 했지만, 그것은 열리지 않았다.

"내가 보는 한 도둑들은 이것을 건드리지 않았습니다." 포르메리 형사부장이 말했다.

"천만다행이군요." 공작이 말했다. "내가 생각하기로는, 아니 적어도 내 약혼자는 구르네 마르탱 씨가 저 금고에 그분의 수집품 중 가장 귀중한 것, 즉 보관을 보관해 둔다고 믿고 있습니다만."

"뭐라고요!" 포르메리 형사부장이 말했다. "그 유명한 람발공 부인의 보관 말입니까?"

"네." 공작이 말했다.

"하지만 '뤼팽'이 편지에서 자기가 그 보관을 훔치겠다고 하지 않았습니까?" 포르메리 형사부장이 말했다.

"네." 공작이 말했다.

"음, 그것은 뤼팽이 여기 없었다는 의미로군요." 조사관이 말했다.

"집은 누가 관리하고 있지?" 포르메리 형사부장이 물었다.

p.93 "집사와 그의 아내, 그리고 빅투아르라는 이름의 가정부입니다." 조사관이 말했다. "하지만 그 가정부가 어디에 있는지 저희는 모릅니다."

"가정부가 어디에 있는지 모른다고?" 포르메리 형사부장이 말했다.

"어디에서도 가정부를 찾을 수 없었어요." 조사관이 말했다.

"그거 아주 잘됐군!" 포르메리 형사부장이 기뻐하며 말했다. "그것은 그 가정부가 도둑들을 도와주었던 사람이 분명하다는 것을 의미하니까."

"나는 그렇게 생각하지 않습니다." 공작이 말했다. "내 장인어른 되실 분과 내 약혼녀는 가정부를 신뢰합니다. 가정부는 보석들 전부와 결혼 선물들을 지키기로 되어 있었죠."

"그럼 이 보석들과 결혼 선물들도…… 그것들도 도난당했습니까?" 포르메리 형사부장이 물었다.

"그것들은 건드린 것 같지 않습니다." 공작이 말했다.

p.94 "그것 참 거슬리는군요." 포르메리 형사부장이 말했다.

"나는 그것을 그렇게 생각하지 않습니다." 공작이 미소를 지으며 말했다.

"만약 이 가정부가 정말로 믿을 만하다면 가정부는 분명히 집 안 어디엔가 있을 것입니다." 포르메리 형사부장이 말했다. "집 안의 모든 방을 들여다봤나?"

"전부 다 봤지요." 조사관이 말했다.

"가정부가 살해당하지 않았다고 확신하나?" 포르메리 형사부장이 물었다.

"여기서는 아닙니다!" 조사관이 말했다.

"이거 아주 복잡해 보이기 시작하는군." 포르메리 형사부장이 심각하게 말했다.

"아마도 게르샤르 경감은 그것을 해결할 수 있을 것입니다." 공작이 말했다.

공작은 탁자에서 떨어진 책을 주워들었다.

"실례지만 아무것도 건드리지 마십시오." 포르메리 형사부장이 재빨리 말했다.

"이런, 이거 이상한데." 공작이 바닥을 응시하며 말했다.

p.95 "무엇이 이상합니까?" 포르메리 형사부장이 물었다.

"음, 이 책은 도둑들 중 한 명에 의해 탁자에서 부딪혀 떨어진 것처럼 보이는군요." 공작이 말했다. "그리고 여기를 보세요. 그 아래에 발자국이 있어요."

"그것은 회반죽처럼 보이는군요." 포르메리 형사부장이 말했다. "어떻게 회반죽이 이곳에 있지?"

"음, 도둑들이 정원으로 들어온 듯합니다." 공작이 말했다. "정원 끝에서 사람들이 집을 짓고 있거든요."

"그렇습니다. 물론 그렇지요." 포르메리 형사부장이 말했다. "도둑들은 회반죽이 묻은 장화를 신고 여기에 온 것입니다. 도둑들은 카펫에서 자기네들의 발자국을 모두 없애 버렸지요. 하지만 그렇게 없애 버린 놈이 누구든간에 너무 게을러서 책을 들어 올리지 않고 책 밑을 치우지도 않았습니다. 하지만 이 발자국은 크게 중요하지 않아요. p.96 그래도 이 발자국은 나중에 유용할 것입니다. 그 길이를 재 보는 것이 좋겠군."

조사관은 아주 조심스럽게 발자국의 치수를 측정했다.

"나는 사람들이 짓고 있는 집을 자세히 살펴야겠습니다." 포르메리 형사부장이 말했다. "그곳에서 나는 많은 단서를 찾게 될 것입니다."

조사관은 발자국 치수를 자신의 수첩에 적었다. 그들은 현관문을 두드리는 소리를 들었다. 한 경찰관이 거실 문을 열고 경례를 했다.

"괜찮으시면, 형사부장님, 샤르메라스 공작 댁에서 하인들이 왔습니다." 경찰관이 말했다.

"그들을 부엌과 하인용 사무실들에서 기다리게 하게나." 포르메리 형사부장이 말했다. 포르메리 형사부장은 잠시 생각하면서 조용히 서 있었다. "구르네 마르탱 씨 댁에서 도난당한 것이 자동차들뿐이었습니까?"

공작은 도난당한 열쇠와 펜던트를 훔치려고 했던 젊은이에 관해 이야기를 해 주었다.

p.97 "잘됐군!" 포르메리 형사부장이 기쁨으로 눈을 반짝이며 말했다. "내가 그 젊은이를 심문하겠습니다!"

"못 합니다." 공작이 말했다.

"경찰이 그를 놓쳤습니까?" 포르메리 형사부장이 물었다.

"아닙니다." 공작이 말했다. "나는 경찰을 부르지 않았습니다. 그 젊은이를 그냥 보내주었지요."

"그를 보내주었다고요?" 포르메리 형사부장이 깜짝 놀라서 물었다. 포르메리 형사부장은 팔짱을 끼고 방을 이리저리 가로질러 걸었다.

"나는 샤르메라스 공작 댁에서 있었던 절도 사건과 이번 강도 사건 사이에 관계가 있다는 데 추호의 망설임도 없습니다!" 포르메리 형사부장이 갑자기 말했다.

공작과 조사관은 포르메리 형사부장을 쳐다보았다.

p.98 "이 모든 것이 몹시 흥미롭다는 생각이 듭니다." 공작이 말했다.

한 경찰관이 집사와 집사의 아내와 함께 방으로 들어왔다.

"그래, 기분은 나아지고 있소?" 포르메리 형사부장이 물었다.

"오, 네, 포르메리 형사부장님." 집사가 말했다. "그들이 저희를 정말로 해치지는 않았네요."

"하지만 그래 보았자 마찬가지라오." 포르메리 형사부장이 말했다. "창피한 일이오. 그리고 경찰이 본분을 다한다면 이와 같은 일은 벌어지지 않을 것이오. 누가 내가 그렇게 말하는 것을 듣는다고 해도 상관없소. 당신들은 잠을 자다가 불시에 습격을 당했다고 하는 것이오? 아무것도 못 보고 아무것도 못 들었다는 말이오?"

"무엇을 보고 들을 시간이 없었습니다." 집사가 말했다.

"정원에서 발자국 소리를 듣지 못했소?" 포르메리 형사부장이 물었다.

"우리 침실에서는 정원에서 일어나는 어떤 소리도 들을 수가 없습니다." 집사가 말했다.

p.99 "저 사람들이 그렇게 잔다면 저들을 묶어 두었던 것도 시간 낭비인 것 같소." 공작이 조사관에게 귀엣말을 했다.

조사관이 미소를 지었다.

"현관에서는 아무 소리도 듣지 못했소?" 포르메리 형사부장이 물었다.

"아니요, 문에서는 아무 소리도 듣지 못했습니다." 집사가 말했다.

"그러면 밤새 전혀 아무 소리도 못 들었다는 말인가?" 포르메리 형사부장이 물었다.

"아니요." 집사가 말했다. "저희는 묶인 다음에 소리를 들었습니다."

"자, 이게 중요하군." 포르메리 형사부장이 말했다. "그것은 어떤 종류의 소리였소?"

"글쎄요, 그것은 쿵 하고 부딪히는 소리 같은 거였어요." 집사가 말했다. "그리고 방을 돌아다니는 발자국 소리가 났죠."

p.100 "어떤 방을 말하는 것이오?" 포르메리 형사부장이 물었다. "그 소리는 어디에서 났소?"

"우리 머리 바로 위에 있는 방에서요." 집사가 말했다.

"싸우는 소리 같은 것은 하나도 못 들었소?" 포르메리 형사부장이 물었다. "비명소리나 고함소리 말이오?"

"아니요, 못 들었습니다." 집사가 말했다.

"저도 못 들었어요." 집사의 아내가 말했다.

"구르네 마르탱 씨를 위해 일한 지는 얼마나 되었소?" 포르메리 형사부장이 물었다.

"1년 조금 넘었습니다." 집사가 말했다.

"나는 당신이 두 번이나 체포당했던 것을 알고 있소." 포르메리 형사부장이 말했다.

"네, 형사님, 그렇지만……."

"제 남편은 정직한 사람이에요, 포르메리 형사부장님." 집사의 아내가 끼어들었다. "구르네 마르탱 씨에게 물어보시기만 해도 아실 거예요."

"조용히 하시오, 아주머니." 포르메리 형사부장이 말했다.

p.101 그런 다음 포르메리 형사부장은 집사에게 몸을 돌렸다.

"당신이 처음 감옥에 있었을 때는 하루뿐이었소." 포르메리 형사부장이 말했다. "두 번째는 사흘 동안이었소."

"사실입니다." 집사가 말했다. "하지만 숭고한 이유를 위해서였습니다. 저는 언제나 주인님이 가지고 계신 의견과 같은 의견을 가지고 있지요. 그래서 주인님이 정부를 지지하지 않았을 때는 저도 정부를 지지하지 않았던 것입니다."

"좋아요." 포르메리 형사부장이 말했다. "가도 좋소."

집사와 그의 아내는 어리둥절한 표정으로 방을 떠났다.

"저 두 바보들은 틀림없는 사실을 말하고 있습니다." 포르메리 형사부장이 말했다.

"저들은 정직해 보입니다." 공작이 말했다.

"자, 이제 저는 집 안의 남은 부분을 둘러보겠습니다." 포르메리 형사부장이 말했다.

"제가 가도 괜찮으시면 같이 가 드리죠." 공작이 말했다.

p.102 "물론입니다." 포르메리 형사부장이 말했다.

## 게르샤르 경감, 돕다

p.103 경찰관 한 명을 거실 문에 보초로 남겨두고 포르메리 형사부장, 공작, 조사관, 그리고 다른 경찰관들은 집 안을 수색했다. 오랜 시간이 걸렸다. 포르메리 형사부장은 빅투아르 부인의 침실에서 가장 오랜 시간이 걸렸다. p.104 포르메리 형사부장은 그녀가 살해당하지 않았다는 것을 믿을 수가 없었다.

포르메리 형사부장은 정원으로 나가 그곳을 조사하기 시작했다. 발자국이 있기는 했지만 그렇게 많지는 않았다. 발자국들은 정원 끝에 있는 담에 난 문 밖으로 나가는 길로 이어졌다. 그런 다음 그 발자국들은 건축 중에 있는 집 주변 공간으로 이어졌다.

이 집 주변에는 수많은 발자국들이 있었다. 포르메리 형사부장은 그 발자국들을 바라보았다. 그러나 포르메리 형사부장은 경찰관들에게 집 안에서 발견한 발자국과 똑같은 크기의 발자국들을 찾아보라고 말을 꺼내지 않았다.

그들이 반쯤 지어진 집 주변을 살펴보고 있는 동안 한 남자가 구르네 마르탱 씨의 집 3층에서부터 계단 아래로 내려왔다. 그는 40~50세의 평범해 보이는 남자였으며, 키는 보통이었다. 그는 평범한 입, 평범한 코, 평범한 뺨, 평범한 이마, 그리고 평범한 귀를 지니고 있었다.

p.105 그의 눈만이 흥미로웠다. 누군가를 바라볼 때, 그는 그 사람의 영혼을 보고 있는 듯했다. 그는 형사과 과장이자 아르센 뤼팽의 적인 유명한 게르샤르 경감이었다.

거실 문 앞에 있던 경찰관이 게르샤르 경감에게 인사를 했다.

"제가 가서 포르메리 형사부장님께 경감님이 오셨다고 말씀드릴까요, 게르샤르 경감님?" 경찰관이 물었다.

"아니, 그럴 필요 없네." 게르샤르 경감이 온화한 목소리로 말했다. "나 때문에 아무도 성가시게 하지 말게. 나는 중요하지 않으니까."

게르샤르 경감은 거실로 들어가서 서서 그 주변을 호기심 어린 눈으로 둘러보았다. 게르샤르 경감은 창문으로 천천히 다가갔고, 경찰관은 그를 따라갔다.

p.106 "이것을 보신 적이 있으십니까, 경감님?" 경찰관이 사다리를 가리키며 말했다. "도둑들이 이 사다리로 들어왔다가 나간 것 같습니다."

"고맙네." 게르샤르 경감이 말했다.

"그들은 그것이 뤼팽의 짓이라고 전혀 생각하지 않습니다." 경찰관이 말했다.

"그런가?" 게르샤르 경감이 말했다.

"제가 도와드릴 수 있는 무슨 방법이라도 있습니까, 경감님?" 경찰관이 물었다.

"있네." 게르샤르 경감이 말했다. "문을 지키고 다른 경찰관들, 포르메리 형사부장님, 혹은 공작 외에는 누구도 안으로 들이지 않도록 해 주게."

경찰관은 문을 지키기 위해 당당하게 갔다.

문이 닫히자마자 게르샤르 경감은 모든 것을 조사하기 시작했다. 게르샤르 경감은 창문, 마룻바닥, 책, 그리고 발자국을 바라보았다. 게르샤르 경감은 발자국과 문까지의 거리를 측정했다. 게르샤르 경감이 측정한 수치는 그를 만족시키지 않은 듯했다. p.107 게르샤르 경감은 자기 일에 집중했다.

게르샤르 경감은 창문에서 몸을 돌려 주머니에서 작은 돋보기를 꺼냈다. 게르샤르 경감은 카펫을 조심스럽게 조사하기 시작했다. 그런 다음 게르샤르 경감은 방을 둘러보았다. 게르샤르 경감의 시선은 벽난로 위에서 멈췄다. 게르샤르 경감의 눈은 흥미로 가득 채워졌다. 게르샤르 경감은 벽난로를 바라보았고, 그런 다음 다시 창문을 바라보았다.

계단에서 발자국 소리와 목소리를 들었을 때 게르샤르 경감은 약 10분 동안 생각을 하며 그곳에 서 있었다. 게르샤르 경감은 생각하는 것을 멈추고 창문을 통과하여 발을 내밀었다. 그런 다음 게르샤르 경감은 사다리를 타고 내려가 시야에서 사라졌다.

문이 열리고 포르메리 형사부장과 공작, 조사관이 들어왔다. p.108 포르메리 형사부장은 마치 무언가를 보기를 기대하고 있는 것처럼 방을 둘러보았다. 포르메리 형사부장은 문을 지키는 경찰관에게 몸을 돌렸다.

"게르샤르 경감이 여기 없군." 포르메리 형사부장이 말했다.

"게르샤르 경감님께서 이곳을 나가셨네요." 경찰관이 말했다. "모습을 감추신 것이 분명해요. 정말 놀라운 분이라니까요."

"물론이지." 포르메리 형사부장이 말했다. "게르샤르 경감은 저들이 짓고 있는 집을 조사하기 위해 사다리를 내려간 거야. 경감은 우리가 이미 한 일을 모두 다시 하고 있는 거지. 경감이 알고 싶어 하는 모든 것을 우리가 경감에게 말해 줄 수 있었을 텐데."

"경감님이 우리가 놓친 무언가를 보실 수도 있지요." 공작이 말했다.

"그럴 것 같지는 않습니다." 포르메리 형사부장이 말했다. "이 조사관과 나는 우리가 놓친 무엇이든 유쾌하게 먹을 것이오, 그렇지 않은가?" 그리고 포르메리 형사부장은 자신의 농담에 웃었다.

"아주 양이 많은 식사일지도 모르겠네요." 공작이 미소를 지으며 말했다.

p.109 "그것에 관해 생각하면 생각할수록 이것은 뤼팽의 짓이 아닌 것 같습니다." 포르메리 형사부장이 말했다. "어떻게 생각하는가, 조사관?"

"네, 옳습니다." 조사관이 말했다.

"내 생각에 게르샤르 경감은 만족하지 않을 것 같네." 포르메리 형사부장이 말했다.

"경감은 만족하기 매우 힘들 게 분명합니다." 공작이 말했다.

"오, 공작님은 다른 무엇에 관해서든 논쟁할 수 있으십니다." 포르메리 형사부장이 말했다. "하지만 게르샤르 경감은 뤼팽에 집착하고 있어요."

"하지만 게르샤르 경감님은 뤼팽을 못 잡아요." 공작이 말했다.

"하지만 모든 것을 고려하여 나는 무슨 일이 일어났는지 깨달았습니다." 포르메리 형사부장이 말했다. "빅투아르 부인이 그 수수께끼의 열쇠입니다. 그 여자가 도둑들을 도와주었습니다. 그 여자는 자기 침대에서 절대로 자지 않았습니다. p.110 빅투아르 부인은 우리를 속이려고 침대를 어질렀어요. 우리는 적어도 구르네 마르탱 씨가 도착하자마자 전할 수 있는 이와 같은 좋은 소식이 있을 것입니다."

"빅투아르 부인이 도둑들을 도와주었다고 정말로 생각하십니까?" 공작이 물었다.

"확신합니다." 포르메리 형사부장이 말했다. "빅투아르 부인의 방으로 올라가서 다시 살펴봅시다."

게르샤르 경감의 머리가 창문 위로 툭 튀어나왔다.

"친애하는 포르메리 형사부장님, 그러실 필요 없습니다." 게르샤르 경감이 말했다.

포르메리 형사부장의 입이 벌어졌다.

"뭐야!" 포르메리 형사부장이 소리쳤다. "자네, 게르샤르 경감인가?"

"네, 접니다." 게르샤르 경감이 말하고 사다리 맨 위로 올라와 방으로 들어왔다.

게르샤르 경감은 포르메리 형사부장과 악수를 하고 조사관에게 고개를 끄덕였다. 그런 다음 게르샤르 경감은 공작을 바라보았다.

"내가 소개하지." 포르메리 형사부장이 말했다. "형사과 과장인 게르샤르 경감이고, 이분은 샤르메라스 공작이시네."

p.111 공작은 게르샤르 경감과 악수를 했다.

"만나 뵙게 되어서 기쁩니다, 게르샤르 경감님." 공작이 말했다. "경감님이 여기 오시기를 기다렸습니다. 내가 경감님을 보내 달라고 부탁한 사람들 중 한 명이었습니다."

"사다리 위에서 무엇을 하고 있었나?" 포르메리 형사부장이 말했다.

"귀를 기울이고 있었습니다." 게르샤르 경감이 말했다. "저는 일을 할 때 다른 사람들이 말하는 것을 듣기를 좋아합니다. 포르메리 형사부장님, 훌륭한 수사를 하셨더군요."

포르메리 형사부장이 고개를 숙였다.

"형사부장님의 의견에 동의하지는 않지만, 대단한 수사를 하셨습니다." 게르샤르 경감이 말했다.

"자네는 우리가 가정부의 방을 다시 살펴봐야 한다고 생각하지 않나?" 포르메리 형사부장이 물었다.

p.112 "제가 지금 막 직접 그 방을 보고 오는 참입니다." 게르샤르 경감이 대답했다.

문이 열리고 먼저 와 있던 형사들 중 한 명인 보나방이 들어왔다. 보나방 형사의 손에는 천 조각이 들려 있었다.

"이 천 조각을 정원에서 발견했습니다." 보나방 형사가 말했다. "집사의 아내는 그것이 빅투아르 부인의 드레스에서 찢겨진 것이라고 합니다."

"내가 그것을 우려했지." 포르메리 형사부장이 천 조각을 가져가며 말했다. "즉시 정원으로 가야겠어. 빅투아르 부인이 우물에 빠져 죽어 있을지도 몰라."

"빅투아르 부인을 우물에서 찾아볼 필요는 없을 것이라고 생각합니다." 게르샤르 경감이 말했다. "집 안에 개나 고양이가 있는지 아십니까, 공작님?" 경감이 공작에게 물었다.

"도대체 무슨 소리인가?" 포르메리 형사부장이 말했다.

"실례합니다만, 이것은 중요합니다." 게르샤르 경감이 말했다.

p.113 "네, 고양이가 한 마리 있습니다." 공작이 말했다.

"천 조각을 정원으로 가지고 간 것은 고양이였던 것이 분명합니다." 게르샤르 경감이 말했다.

"이거 참 터무니없는 소리로군!" 포르메리 형사부장이 소리쳤다. "빅투아르 부인이 살해당했는데, 자네는 고양이에 대해 이야기하고 있다니!"

"빅투아르 부인은 살해당하지 않았습니다." 게르샤르 경감이 말했다.

"그러면 빅투아르 부인의 실종은 어떻게 설명하겠나?" 포르메리 형사부장이 물었다.

"빅투아르 부인은 사라지지 않았습니다." 게르샤르 경감이 말했다.

"자네는 빅투아르 부인이 어디에 있는지 아나?" 포르메리 형사부장이 물었다.

"오, 그럼요." 게르샤르 경감이 말했다. "제가 그 여자를 봤어요."

"자네가 그 여자를 봤다고?" 포르메리 형사부장이 소리쳤다. "언제?"

"4~5분 전쯤이었던 것이 분명합니다." 게르샤르 경감이 말했다.

p.114 "하지만 자네는 이 방을 나갔다 오지 않았잖아!" 포르메리 형사부장이 말했다.

"네, 안 나갔지요." 게르샤르 경감이 말했다.

"그러면 그 여자는 어디에 있나?" 포르메리 형사부장이 물었다.

"말할 틈을 안 주시는군요." 게르샤르 경감이 온화하게 말했다.

"그럼 말해 보게!" 포르메리 형사부장이 소리쳤다.

"여기를 보십시오." 게르샤르 경감이 말했다.

게르샤르 경감은 방을 가로질러 벽난로 쪽으로 걸어갔다. 그런 다음 게르샤르 경감은 의자들을 벽난로 한쪽으로 밀었다. 게르샤르 경감은 가리개를 밀어냈는데 그 뒤에는 매트리스가 있었다. 그 매트리스 위에 한 여자가 묶인 채 잠들어 있었다.

"도둑들이 빅투아르 부인을 쓰러뜨렸어요." 게르샤르 경감이 말했다. "이 여자는 잠들어 있습니다."

그들은 게르샤르 경감과 잠들어 있는 여자를 빤히 쳐다보았다. 그들 중 세 명이 매트리스를 들어 올리고 매트리스와 잠든 여인을 소파로 날라 그 위에 내려놓았다.

"자네는 벽난로를 안 봤군!" 포르메리 형사부장이 조사관에게 말했다.

p.115 "네, 형사부장님." 조사관이 말했다.

"자네는 내가 이 여자를 보기가 불가능했다는 것을 인정해야 하네." 포르메리 형사부장이 게르샤르 경감에게 말했다.

"손을 짚고 무릎으로 기어 다니셨다면 가능했습니다." 게르샤르 경감이 말했다.

"손을 짚고 무릎으로?" 포르메리 형사부장이 말했다.

"뤼팽이 무언가를 훔칠 때는 겉모습을 믿으면 안 되지요." 게르샤르 경감이 말했다.

"뤼팽이라고!" 포르메리 형사부장이 흥분해서 말했다.

"모든 일이 어떻게 일어났는지 저는 압니다." 게르샤르 경감이 말했다.

공작은 호기심을 느끼며 두 사람을 쳐다보았다.

"이 모든 것이 정말 흥미롭다는 생각이 듭니다." 공작이 말했다.

게르샤르 경감은 지금 지어지고 있는 집으로 벽돌을 나르고 있는 남자를 창밖으로 바라보았다. 무엇인가가 게르샤르 경감을 미소 짓게 만들었다. 벽난로에 대해 생각하고 있는 조사관은 정말로 풀이 죽은 듯 보였다.

p.116 "이 여자가 깨어나면 말을 시켜 봐야겠어요." 게르샤르 경감이 말했다. "당장은 이 여자를 이 여자의 침실로 데려다 놓읍시다. 그리고 이 여자가 잠자는 방을 경찰관이 지키게 하고요."

"이제 이 수수께끼에 대한 새로운 해답을 생각해 봐야겠군!" 포르메리 형사부장이 말했다.

## 구르네 마르탱 가 사람들, 도착하다

p.117 "제가 가도 된다면 함께 갈게요, 게르샤르 경감님." 공작이 게르샤르 경감에게 말했다. "이 모든 것이 아주 흥미롭군요. 경감님이 일하시는 방식을 지켜보고 싶네요."

"좋습니다." 게르샤르 경감이 말했다. "공작님과 논의할 몇 가지 일도 있고요."

p.118 그들은 집을 통과하여 뒷문으로 나가 정원으로 들어갔다. 게르샤르 경감은 공작에게 일어난 모든 일에 대해 물었다.

"나는 샤롤레 씨가 실제로는 뤼팽이 아닐까 궁금해 하고 있었습니다." 공작이 말했다.

"꽤 가능성은 있죠." 게르샤르 경감이 말했다. "뤼팽은 변장에 아주 능합니다. 뤼팽이 실제로 어떻게 생겼는지는 저희도 정말 모릅니다. 뤼팽은 여러 가지 변장을 하고 우리들 중 많은 사람들과 수차례 만났지요."

"오, 그렇군요······." 공작이 말했다. "하지만 경감님과 다른 경찰관들을 계속 만나는 것은 뤼팽에게 위험할 텐데요."

"뤼팽은 위험에 대해서는 신경 쓰지 않습니다." 게르샤르 경감이 말했다. "재미와 우스갯소리를 위해 일을 저지르거든요."

게르샤르 경감은 공작에게 구르네 마르탱 씨의 식솔들에 관해 계속해서 자세히 물었다. 게르샤르 경감은 아르센 뤼팽은 어떤 도둑이 이전에 이용한 적이 있었던 큰 패거리들과 일한다고 말했다. p.119 뤼팽은 또한 같은 사건이 일어나는 동안 많은 변장을 이용했다. 뤼팽은 구르네 마르탱 씨의 식솔 중 누군가인 척할 수 있었다.

"만약 뤼팽이 샤롤레라면, 그가 어떻게 구르네 마르탱 씨의 식솔 중 누군가도 될 수 있었는지 모르겠군요." 공작이 말했다.

"뤼팽이 샤롤레였다는 말은 아닙니다." 게르샤르 경감이 말했다. "자동차 절도는 뤼팽이 하려고 했던 일이 아니었을 것입니다. 뤼팽은 자기 대신 일을 하는 사람들 중 한 명에게 그 일을 하게 시켰겠지요."

공작은 백만장자의 하인들에 관해 자신이 기억할 수 있는 모든 것을 게르샤르 경감에게 말해 주었다.

그들이 이야기를 할 때 그들 두 사람은 아주 달랐다. 공작은 아주 달변이고 빠르게 말하고 표현이 풍부했다. 경감은 느릿느릿 말하고 평범한 단어를 사용했다. p.120 오로지 눈빛에 있어서만 그들은 비슷했다. 그들은 둘 다 많은 것들을 보고 이해할 수 있는 것처럼 보였다. 그러나 공작은 대부분의 인생을 게으름을 피우며 지냈음에도 불구하고 실제로는 경감보다 더 영리한 것처럼 보였다.

"나는 경감님이 머지않아 뤼팽을 잡을 거라고 확신합니다." 공작이 말했다. "경감님이 전에 뤼팽을 잡은 적이 없었다는 것이 놀랍군요."

"하지만 우리가 뤼팽을 잡은 적이 있습니다!" 게르샤르 경감이 재빨리 소리쳤다. "우리는 두 번 그 자를 잡았지요! 그러나 뤼팽은 다른 사람이 되어 도망쳤어요."

"정말입니까? 완전히 깜짝 놀랄 일이로군요." 공작이 생각에 잠겨 말했다. "여자가 뤼팽 같은 사람을 사랑하는 것은 분명 지독하겠어요. 그 여자는 언제나 걱정을 할 테니까요."

"하지만 많은 여자들이 뤼팽을 만나고 싶어 합니다!" 게르샤르 경감이 말했다. "뤼팽을 잡으면 제게 돈을 주겠다고 하더군요!"

"경감님은 저를 놀래시지를 않네요." 공작이 빈정대는 미소를 지으며 말했다.

p.121 게르샤르 경감은 사다리로 걸어가서 주변의 땅과 정원으로 통하는 길을 바라보기 시작했다.

"이 바깥에서는 보고 싶은 것을 다 보았어요." 게르샤르 경감이 공작에게 말했다. "집으로 돌아가야겠습니다."

"경감님이 보기를 기대했던 것을 보셨기 바랍니다." 공작이 말했다.

"볼 거라고 예상했던 것을 그대로 보았습니다." 게르샤르 경감이 말했다.

그들은 집으로 돌아갔고 포르메리 형사부장이 거실에 있는 것을 발견했다.

"지금 해야 할 일은 도둑들이 무거운 물건들 모두를 나르는 것을 보았을지도 모르는 사람들을 찾아내기 위해 동네를 뒤지는 것이오." 포르메리 형사부장이 말했다.

"하지만 디외시 형사가 도둑을 보았다는 사람을 찾으려고 동네를 뒤졌습니다." 게르샤르 경감이 말했다.

p.122 "잘됐군." 포르메리 형사부장이 말했다. "많은 단서를 찾았군 그래?"

"네." 게르샤르 경감이 말했다.

"뤼팽의 것인가?" 포르메리 형사부장이 물었다.

"아니요, 뤼팽의 단서는 아닙니다." 게르샤르 경감이 말했다.

포르메리 형사부장이 만족스럽게 미소를 지었다.

현관에서는 커다란 문 두드리는 소리가 났고, 계단에서는 흥분한 목소리가 들렸다. 문이 열리고 구르네 마르탱 씨가 들어왔다. 구르네 마르탱 씨는 방을 한 번 둘러보고 천장을 향해 팔을 올리고 고함쳤다. 그런 다음 구르네 마르탱 씨는 울기 시작했다.

제르맹과 소냐가 방으로 들어왔다. 공작은 그들을 맞으러 앞으로 나갔다.

"그만 우세요, 아빠." 제르맹이 참지 못하고 말했다. "9시에 기차도 없을 때 왜 어젯밤에 우리를 역에 보냈어요? 그거 장난이었던 건가요? 어떻게 그럴 수 있죠?" 제르맹이 공작에게 물었다.

p.123 "당신이 무슨 말을 하고 있는 것인지 나는 정말로 모르겠소." 공작이 조용하게 말했다. "9시 기차가 없었다는 말이오?"

"물론 없었어요." 제르맹이 말했다. "열차 배차표는 몇 년 전 것이었어요."

"나는 열차 배차표 날짜를 살펴볼 생각을 전혀 못했소." 공작이 말했다. "내가 날짜를 보지 않았던 것은 어리석었소."

"저는 그것이 실수였다고 말했어요." 소냐가 말했다. "공작님이 그렇게 불친절한 일을 하시지 않으시리라는 것을 저는 알거든요."

공작이 소냐에게 미소를 지었다.

"음, 내가 할 수 있는 말은 날짜를 살펴보지 않은 것은 어리석었다는 것뿐이에요." 제르맹이 말했다.

"내 그림들!" 제르맹의 아버지가 소리쳤다. "내 훌륭한 그림들! 그 그림들은 독특했는데! 15만 프랑이나 나가는 그림들이었어."

p.124 "선생의 피해에 대해서는 진심으로 유감이고 속상합니다." 포르메리 형사부장이 말했다. "저는 파리에 있는 경찰서에서 온 형사과 형사부장 포르메리입니다."

"그것은 비극입니다, 포르메리 형사부장님!" 백만장자가 소리쳤다.

"너무 크게 상심하지는 마십시오." 포르메리 형사부장이 격려하며 말했다. "저희가 선생의 걸작들을 찾아낼 것입니다. 다만 저희에게 시간을 좀 주십시오."

백만장자의 얼굴이 약간 밝아졌다.

"그리고 결국 도둑들은 람발공 부인의 보관은 훔치지 못했으니까요." 포르메리 형사부장이 말했다.

"그래요." 공작이 말했다. "도둑들은 이 금고에는 손대지 않았어요. 열려 있지 않아요."

"그게 그 일과 무슨 상관인가?" 백만장자가 재빨리 투덜거렸다. "저 금고는 비어 있어. 하지만 보관은 저 금고 안에 절대로 들어 있던 적이 없었네. p.125 보관은…… 도둑들이 내 침실에 들어왔나?"

"아닙니다." 포르메리 형사부장이 말했다.

"아, 그렇다면 그것에 대해서는 안심이군." 백만장자가 말했다. "내 침실에 있는 금고는 열쇠가 둘뿐이야. 하나는 여기 있지."

구르네 마르탱 씨는 외투 주머니에서 열쇠를 꺼내 사람들에게 그것을 내밀었다.

"그리고 다른 하나는 이 금고 안에 있소." 백만장자가 말했다.

포르메리 형사부장의 얼굴이 만족감으로 밝아졌다.

"그것 보세요!" 포르메리 형사부장이 의기양양하게 소리쳤다.

"보시오!" 백만장자가 소리쳤다. "내 물건들이 도둑맞은 것이 보이는군요. 오, 내 그림들! 내 훌륭한 그림들!"

# 펜던트 도난

p.126 사람들은 백만장자를 바라보며 그의 주변에 서 있었다. 몇몇 사람들은 다른 사람들보다 더 많이 신경을 쓰는 것 같았다. 소냐는 몰래 방

을 빠져나갔다.

"진정하세요, 구르네 마르탱 씨." 포르메리 형사부장이 말했다. "진정하세요! 저희가 선생의 걸작들을 찾아낼 것입니다!"

p.127 "게르샤르 경감은 어디에 있소?" 백만장자가 물었다.

포르메리 형사부장은 게르샤르 경감을 백만장자에게 소개했다.

"단서가 있소?" 백만장자가 물었다.

"구르네 마르탱 씨, 저는 알아야겠습니다. 전에 집에서 다른 도난 사건이 있었던 적이 있는지요?" 게르샤르 경감이 물었다.

"3년 전 이 뤼팽이란 놈이……." 백만장자가 화를 내며 말을 하기 시작했다.

"네, 그 예전의 도난 사건은 저도 다 압니다." 게르샤르 경감이 말했다. "하지만 그 이후 도난당한 것이 있습니까?"

"아니오, 그 도난 사건 이후에는 도둑맞은 것이 없소." 백만장자가 말했다. "그러나 내 딸은 도둑을 맞았소."

"선생의 따님이요?" 포르메리 형사부장이 말했다.

"네, 지난 3년 동안 저는 두세 차례 도둑을 맞았어요." 제르맹이 말했다.

p.128 "이것은 아주 흥미롭고 가장 중요한 일입니다." 포르메리 형사부장이 손을 비비며 말했다. "아가씨는 빅투아르 부인을 의심하는 것 같은데요?"

"아니, 그렇지 않아요." 제르맹이 재빨리 말했다. "빅투아르 부인이었을 리가 없죠. 도난 사건들이 발생했을 때 빅투아르 부인은 우리와 함께 살지 않았거든요."

"아가씨, 그러니까 이 도난 사건들이 3년 전에 시작되었다는 말씀이시죠?" 포르메리 형사부장이 물었다.

"네, 3년 전 8월에 시작된 것 같아요." 제르맹이 대답했다.

"자, 아가씨 하인들 중 누가 3년 전에 아가씨를 위해 일하기 시작했는지 아는 것이 흥미로울 듯하군요." 포르메리 형사부장이 말했다.

"빅투아르 부인은 우리와 겨우 1년을 같이 지냈을 뿐이에요." 제르맹이 말했다.

"겨우 1년이요?" 포르메리 형사부장이 말했다. "도둑맞은 것은 무엇이었죠?"

p.129 "진주 브로치였어요." 제르맹이 말했다. "그것은 공작님이 어제

저에게 준 펜던트처럼 생겼지요."

"그 펜던트를 볼 수 있을까요?" 포르메리 형사부장이 말했다.

"물론이죠. 펜던트를 형사님께 보여드리세요, 자크." 공작에게 몸을 돌리며 제르맹이 말했다. "당신이 가지고 있죠, 그렇지 않아요?"

"내가? 아니오." 공작이 다소 놀라며 말했다. "당신이 그것을 가지고 있지 않았소?"

"나는 빈 상자만 가지고 있어요." 제르맹이 말했다.

"빈 상자만?" 공작이 점점 더 놀라며 말했다.

"잠깐만요." 포르메리 형사부장이 말했다. "공작님이 이 상자를 손에 쥐고 있던 젊은이 버나드 샤롤레를 잡지 않으셨나요, 공작님?"

"그랬죠." 공작이 말했다. "자기 주머니에 그 상자를 가지고 있던 그 녀석을 잡았죠."

p.130 "공작님이 그 상자를 그 녀석한테서 빼앗기 전에 그 녀석이 펜던트를 상자 밖으로 가로챈 것이 틀림없군요." 포르메리 형사부장이 의기양양하게 말했다.

"아니에요." 공작이 말했다. "나는 그 녀석에게 상자를 빼앗은 후에 확인했습니다. 나는 상자를 열었고 펜던트는 그곳에 있었어요."

"펜던트는 도둑맞은 거야!" 백만장자가 소리쳤다.

"오, 아닙니다." 공작이 말했다. "그것은 도둑맞지 않았어요. 이르마, 혹은 어쩌면 크리슈노프 양이 제르맹을 위해 파리로 그것을 가지고 왔는지도 모르죠."

"소냐는 분명히 그것을 가져오지 않았어요." 제르맹이 재빨리 말했다.

"그렇다면 이르마가 분명하군요." 공작이 말했다.

"이르마를 불러와서 확실히 해 두는 것이 낫겠군요." 포르메리 형사부장이 말했다. "경관, 가서 그녀를 데려오게."

경찰관은 방을 나갔고, 공작은 제르맹과 그녀의 아버지에게 여행에 관해 물었다. 공작은 그들이 기차에서 침대칸을 발견했다는 것을 알았다.

p.131 경찰관은 이르마와 함께 돌아왔다. 이르마는 놀란 것처럼 보였다.

"오, 이르마……." 제르맹이 말을 시작했다.

"실례합니다만, 제가 이 아가씨와 이야기해 보겠습니다." 포르메리 형사부장이 말했다. "이르마 양, 공작님이 제르맹 양에게 준 펜던트를 파리로 가지고 왔나요?"

"제가요, 형사부장님?" 이르마가 말했다. "아니에요, 형사부장님."

"확실합니까?" 포르메리 형사부장이 물었다.

"네, 형사님, 저는 펜던트를 본 적이 없어요." 이르마가 말했다. "제르맹 아가씨가 그것을 장식장에 두지 않으셨어요? 크리슈노프 양이 장식장 옆에 서 있는 것을 보았기 때문에 저는 크리슈노프 양이 그것을 가방에 넣었을지도 모른다고 생각했어요."

"아, 그러면 그 펜던트가 장식장 안에 있었군요?" 포르메리 형사부장이 물었다.

"네, 형사님." 이르마가 말했다.

침묵이 흘렀다. 갑자기 방 안의 분위기가 긴장되었다. p.132 게르샤르 경감은 다시 잠이 확 달아난 것 같았다. 제르맹과 공작은 서로를 거북하게 바라보았다.

"구르네 마르탱 양을 위해 일한 지는 얼마나 되었소?" 포르메리 형사부장이 물었다.

"6개월입니다, 형사부장님." 이르마가 말했다.

"아주 좋아요, 고맙소." 포르메리 형사부장이 말했다. "가도 좋습니다."

이르마는 방을 나갔다.

"그럼 나는 크리슈노프 양을 심문하겠소." 포르메리 형사부장이 말했다.

"우리는 크리슈노프 양을 믿습니다." 공작이 재빨리 말했다.

"오, 맞아요." 제르맹이 말했다.

"크리슈노프 양이 아가씨를 위해 일해 온 지는 얼마나 됐죠, 아가씨?" 게르샤르 경감이 말했다.

"거의 3년이 다 됐네요." 제르맹이 말했다.

"절도 사건이 시작된 바로 그때로군요." 포르메리 형사부장이 말했다.

"네." 제르맹이 말했다.

"크리슈노프 양에게 여기로 오라고 해 주시오." 포르메리 형사부장이 말했다.

p.133 "네, 형사부장님." 경찰관이 말했다. 곧 그가 돌아왔다. "크리슈노프 양이 곧 여기로 올 것입니다. 크리슈노프 양은 막 외출하려던 참이었어요."

공작은 초조해 보였다.

"외출하려고 했다고?" 포르메리 형사부장이 말했다.

"아닙니다, 형사부장님." 경찰관이 말했다. "크리슈노프 양이 외출해도 되는지 막 물어보려고 했다는 말입니다."

문이 열리고 소냐가 들어왔다. 소냐는 놀란 것처럼 보였다. 공작은 소냐를 바라보았고, 그녀는 수줍어하며 외면했다.

"크리슈노프 양, 샤르메라스 공작이 구르네 마르탱 양에게 어제 준 펜던트를 도난당했소." 게르샤르 경감이 말했다.

"도난당해요?" 소냐가 놀라고 걱정스러운 어조로 말했다. "확실한가요?"

"아주 확실하오." 게르샤르 경감이 말했다. "우리는 도둑이 다른 누군가의 여행 가방이나 트렁크 안에 펜던트를 숨겼다고 믿고 있소."

p.134 "제 가방은 위층 침실에 있습니다, 경감님." 소냐가 말했다. "여기 열쇠가 있어요."

자기 가방에서 열쇠를 꺼내기 위해 손을 자유롭게 쓰려고 소냐는 외투를 소파 등받이에 올려놓았다. 외투는 바닥으로, 공작의 발치에 떨어졌다. 소냐가 열쇠를 찾으려고 가방 안을 들여다보고 있는 동안 모든 눈은 그녀에게 쏠려 있었다. 공작은 외투를 주워들었다. 공작의 손은 그 외투의 주머니 안으로 들어갔다. 공작의 손가락들은 티슈페이퍼에 싸인 단단한 물체를 건드렸다. 공작은 몰래 그 물건을 소냐의 외투 주머니에서 꺼내어 자기 주머니에 넣었다.

소냐는 열쇠를 찾아 그것을 게르샤르 경감에게 건넸다.

"당신의 가방을 수색할 이유는 없습니다." 게르샤르 경감이 고개를 저으며 말했다. "다른 짐도 있나요?"

p.135 "네, 제 트렁크요." 소냐가 말했다. "그것도 위층 제 침실에 있어요."

"외출하려고 한 것 같소만." 게르샤르 경감이 온화하게 말했다.

"나가겠다고 부탁하고 있었지요." 소냐가 말했다. "장을 봐 둘 게 좀 있어서요."

"크리슈노프 양이 나가서는 안 될 이유는 없어요, 포르메리 형사부장님, 그렇지요?" 게르샤르 경감이 말했다.

"물론 나가도 되오." 포르메리 형사부장이 말했다.

소냐는 가려고 몸을 돌렸다.

"잠깐만." 게르샤르 조사관이 말했다. "그 핸드백은 그냥 가지고 가시는 건가요?"

"네." 소냐가 말했다. "제 돈이 핸드백 안에 있어요." 그리고 소냐는 핸드백을 게르샤르 경감에게 건넸다.

"핸드백 안을 들여다볼 이유는 없습니다." 게르샤르 경감이 말했다.

p.136 소냐는 문 쪽으로 걸어가다가 몸을 돌리고 머뭇거리다가 소파로 되돌아와 외투를 집어 들었다.

"제가 입혀드리지요." 게르샤르 경감이 소냐에게 말했다.

"아니, 괜찮아요." 소냐가 말했다. "외투는 입지 않을 거예요."

"아니지요, 하지만 당신은 주머니에 무언가를 넣어두었을 가능성이 있어요." 게르샤르 경감이 말했다.

게르샤르 경감은 물건이 들어 있던 주머니를 가리켰다.

"저를 어떤 유형의 사람이라고 생각하시는 거예요?" 소냐가 소리쳤다.

"사실 소냐 양, 화낼 필요 없소." 공작이 말했다.

"오! 하지만!" 소냐는 겁을 먹고 공작을 바라보았다.

"당신이 겁을 먹을 이유는 없소." 공작이 소냐에게 말했다.

소냐는 외투를 놓았으며 게르샤르 경감은 주머니 안으로 손을 넣었다.

p.137 주머니는 비어 있었다. 게르샤르 경감은 깜짝 놀랐다.

"아무것도 없다는 말인가?" 게르샤르 경감이 작은 목소리로 웅얼거렸다. "정말 죄송합니다. 아가씨."

게르샤르 경감은 외투를 소냐에게 건넸다. 소냐는 외투를 받고서 가려고 몸을 돌렸다. 소냐는 문을 향해 걸어갔고 조용히 방에서 나갔다.

"자네가 거기에서 실수를 했군, 게르샤르 경감." 포르메리 형사부장이 기뻐하며 말했다.

"제가 된다고 말하기 전까지는 누구도 이 집을 떠나지 않으면 좋겠습니다." 게르샤르 경감이 낮은 목소리로 말했다.

"크리슈노프 양을 제외하고는 아무도 예외가 될 수는 없겠지." 포르메리 형사부장이 미소를 지으며 말했다.

"특히 크리슈노프 양은 떠나면 안 될 것 같군요." 게르샤르 경감이 재빨리 말했다.

"자네가 무슨 말을 하고 있는지 모르겠군." 포르메리 형사부장이 말했다. "크리슈노프 양이 변장한 뤼팽이라는 말인가? p.138 여러분, 내 생각에는 모든 침실을 다시 살펴보고 도난당한 것이 아무것도 없는지 확인해야겠어요."

"나는 그 바보 같은 펜던트에 관해 왈가왈부하며 얼마나 더 오래 여기에서 시간을 낭비하고 있었는지 궁금해 하는 중이었다." 백만장자가 투덜거렸다.

제르맹과 그녀의 아버지가 앞장섰다. 포르메리 형사부장과 게르샤르 경감, 조사관이 그들을 뒤따랐다. 문 앞에서 공작이 멈추고 조용히 문을 닫았다. 공작은 창문으로 돌아가 주머니에 손을 넣고 티슈페이퍼에 싸인 물체를 꺼냈다.

공작은 천천히 티슈페이퍼를 펴고 펜던트의 모습을 드러냈다.

## 뤼팽, 전보를 치다

p.139 공작은 놀라움과 연민으로 가득한 눈으로 펜던트를 응시했다.

"가엾은 여자!" 공작이 숨 죽여 조용히 말했다.

공작은 펜던트를 조심스럽게 자기 주머니 안으로 치우고 서서 생각에 잠겨 창밖을 응시했다.

p.140 문이 부드럽게 열리고, 소냐가 재빨리 방으로 들어왔다. 소냐는 문을 닫고 문에 등을 기댔다. 소냐의 얼굴은 백짓장처럼 창백했다. 소냐는 고통스럽게 공작을 바라보았다.

"죄송합니다!" 소냐가 울었다. "죄송합니다!"

"게르샤르 경감이 당신을 의심해요." 공작이 말했다. "우리가 여기서 이야기를 하고 있는 것은 위험하오."

"아니, 아니요, 우리는 지금 이야기해야 해요!" 소냐가 소리쳤다. "공작님은 아셔야 해요…… 제르맹…… 그 여자는 모든 것을 가지고 있어요. 가능하다면 저는 제르맹의 재산도 빼앗을 거예요. 오, 저는 제르맹을 증오해요!"

"소냐……." 공작이 상냥하게 말했다.

"오, 그것이 핑계가 안 된다는 것은 저도 알아요……." 소냐가 말했다. "맞아요, 저는 도둑이에요."

소냐는 말을 멈췄고, 그녀의 눈은 빛이 났다. 소냐의 부드러운 목소리에는 힘이 실렸다.

"하지만 공작님이 믿으셔야 할 게 하나 있어요." 소냐가 말했다. p.141 "공작님이 저를 알고 지내신 이후로 저는 도둑질을 한 적이 없어요. 어제만 빼고는요. 저는 그것을 참을 수 없었어요."

"당신을 믿소." 공작이 진지하게 말했다.

"들어 보세요." 소냐가 말했다. "세상에서 혼자가 된 적이 있으세요? 배고파 보신 적 있으세요?"

"계속 말해 보시오." 공작이 말했다.

"제가 돈을 벌 수 있는 방법은 한 가지였어요." 소냐가 말했다. "저는 굶어 죽어 가고 있었어요. 죽어 가고 있었다고요. 저는 한 남자를 만났어요."

"뭐라고요!" 공작이 화를 내며 말했다.

"저는 그 남자에게 강도짓을 했어요." 소냐가 외쳤고, 그런 다음 흐느끼기 시작했다. "저는 살아남으려고 훔치기 시작했어요."

"가엾은 사람." 공작이 부드럽게 말했다.

소냐는 기쁨 반 슬픔 반으로 공작을 바라보았다.

공작은 천천히 소냐를 향해 다가왔지만 걸음을 멈췄다. 공작은 누군가가 문 쪽으로 다가오는 것을 들었다.

p.142 "어서요!" 공작이 소리쳤다. "눈물을 닦으시오!"

소냐는 재빨리 얼굴 표정을 바꾸고 차분한 척했다. 소냐는 자신의 진짜 감정을 숨기는 연습을 많이 했다. 소냐는 소파에 앉았다. 공작은 창문으로 다가갔다. 게르샤르 경감이 문간에 서 있었다.

"자, 게르샤르 경감님." 공작이 말했다. "도둑들이 보관을 훔치지 않았기를 바랍니다."

"보관은 안전합니다, 공작님." 게르샤르 경감이 말했다. "저는 포르메리 형사부장님이 마음을 바꾸셨다는 말을 전하기 위해 아가씨를 찾고 있었어요, 아가씨. 아가씨는 나가실 수 없습니다. 아무도 나가도록 허용되지 않을 거예요."

"네?" 소냐가 말했다.

"아가씨는 아가씨 방으로 가셔야 합니다." 게르샤르 경감이 말했다. "아가씨 식사는 올려 보내질 것입니다."

"아주 잘됐네요." 소냐가 냉담하게 말했다. "저는 제 방으로 갈게요."

p.143 "사실, 게르샤르 경감님······." 공작이 말했다.

"정말로 무척 죄송합니다, 공작님." 게르샤르 경감이 말했다. "그러나 우리는 조심해야 합니다."

"물론 경감님이 가장 잘 아시지요." 공작이 말했다.

게르샤르 경감은 조용히 방을 나갔다.

갑자기 문이 활짝 열리고 구르네 마르탱 씨가 손에 전보를 흔들며 문간에 서 있었다. 포르메리 형사부장과 조사관은 그의 뒤에서 서둘러 계단을 내려왔다.

구르네 마르탱 씨가 전보를 읽었다.

보관을 가지고 가지 않아서 죄송하오. 바빴소. 오늘 밤 12시~12시 15분에 가지러 가겠소.

아르센 뤼팽

p.144 "이제 우리는 정말로 게르샤르 경감과 말썽을 빚겠군요." 포르메리 형사부장이 다른 사람들에게 말했다. "이것이 뤼팽의 짓이 아니라는 것을 게르샤르 경감에게 확신시켜 줄 것은 이제 아무것도 없을 것입니다. 만약 그것이 정말로 뤼팽이었다면, 그는 이미 보관을 훔쳤을 것입니다. 경찰이 이곳에 있는 지금 왜 뤼팽이 기다렸다가 보관을 훔치려고 하겠습니까?"

갑자기 금고 문이 열렸고, 게르샤르 경감이 그 안에서 뛰쳐나왔다.

"무슨 짓인가!" 포르메리 형사부장이 소리쳤다.

"이 금고 안에서 모든 것이 얼마나 분명하게 들리는지 아시면 놀라실 것입니다." 게르샤르 경감이 점잖은 목소리로 말했다.

"그 안에는 대체 어떻게 들어갔나?" 포르메리 형사부장이 소리쳤다.

"들어가는 것은 충분히 쉬웠습니다." 게르샤르 경감이 팔꿈치를 문지르며 말했다. "어려운 것은 나오는 것이었죠."

"하지만 그 안에는 어떻게 들어갔나?" 포르메리 형사부장이 소리쳤다.

"금고 뒤가 도려내어져 있었습니다." 게르샤르 경감이 말했다. p.145 "금고는 언제나 벽에 기대어 두어야 하지요. 금고 뒤는 취약한 부분입니다."

"열쇠가 금고 안의 위층에 있었소?" 구르네 마르탱 씨가 소리쳤다.

게르샤르 경감은 텅 빈 금고 안으로 도로 들어갔고, 그 안에서 금고를 수색했다. 게르샤르 경감은 미소를 지으며 나왔다.

"자, 열쇠를 발견했소?" 백만장자가 물었다.

"아니요. 발견하지는 못했지만, 더 좋은 것을 발견했어요." 게르샤르 경감이 말했다.

"그것이 무엇인가?" 포르메리 형사부장이 날카롭게 물었다.

"추측해 볼 기회를 100번 드리지요." 게르샤르 경감이 미소를 지으며 말했다.

"그것이 무엇이냐니까?" 포르메리 형사부장이 참지 못하고 물었다.
"형사부장님을 위한 작은 선물입니다." 게르샤르 경감이 말했다.
"그것이 무슨 뜻인가?" 포르메리 형사부장이 화를 내며 말했다.
p.146 "아르센 뤼팽의 명함입니다." 게르샤르 경감이 말했다.

## 게르샤르 경감, 진짜 냄새를 맡다

p.147 구르네 마르탱 씨의 집사가 거실 문간에 나타났다.
"괜찮으시다면 주인님, 점심 식사가 준비되었습니다." 집사가 말했다.
"잘됐군!" 구르네 마르탱 씨가 말했다. "신사 여러분, 저와 같이 점심 식사를 드시지요."

p.148 그들은 계단을 내려가 식당으로 가서 아주 푸짐한 점심 식사가 그들을 기다리고 있는 것을 발견했다. 포르메리 형사부장은 맛있게 점심을 먹었다. 제르맹은 기분이 좋지 않았다. 게르샤르 경감은 심각하게 먹고 마셨다. 공작은 평소와 다를 바 없이 기분이 좋았다.

게르샤르 경감에게 점심 식사는 아주 길고 지루했으나, 마침내 식사는 끝났다. 다른 사람들이 쉬는 동안, 게르샤르 경감은 방을 몰래 빠져나갔다.

"그래도 된다면 나는 경감님이 이 수수께끼를 해결하는 것을 계속 지켜보겠습니다, 게르샤르 경감님." 공작이 경감을 따라나서면서 말했다.

"저야 기쁘지요. 사실 저는 공작님이 동행하시는 것이 즐겁습니다." 게르샤르 경감이 말했다. "포르메리 형사부장님이 저에게 30분 정도의 시간을 줄 것 같습니다. 그 시간 안에 저는 도둑들이 어떻게 그 물건을 집 밖으로 빼냈는지 알게 될 것입니다."

"설명해 주십시오." 공작이 말했다.

"저 사다리를 타고 올라온 유일한 사람들은 마감이 되지 않은 건물에서 그 사다리를 가지고 온 두 사람뿐이었죠." 게르샤르 경감이 말했다. p.149 "그들의 발자국이 보이시죠? 아무도 사다리를 타고 내려오지 않았어요."

"하지만 책 아래에 있던 발자국은 어떤가요?" 공작이 말했다.

"오, 그거요." 게르샤르 경감이 말했다. "도둑들 중 한 명이 그곳의 소파에 앉아 자기 장화에 있던 회반죽을 비비고 자기 발을 카펫 위에 내려놓았습니다. 그런 다음 그 자는 자기 장화에서 나머지 회반죽을 털고 그 발자국 위에 책을 놓은 것이지요."

"그런데 그것을 어떻게 아셨습니까?" 깜짝 놀란 공작이 말했다.

"가구들을 옮긴 도둑들이 몇 명 있었던 것이 분명합니다." 게르샤르 경감이 말했다. "그 도둑들 모두의 구두 밑창이 회반죽으로 덮였다면, 카펫을 모두 말끔하게 청소하는 것은 불가능했을 것입니다."

p.150 "알겠습니다." 공작이 말했다.

"그러면 가구들은 어떻게 방에서 옮겨졌을까요?" 게르샤르 경감이 말했다. "그 가구들은 충분한 소음을 내지 않았으므로 가구들이 계단으로 내려진 것이 아닙니다. 또한 가구들이 거리로 옮겨졌다면 경찰이 가구를 보았을 것입니다. 딱 한 가지 다른 방법이 있습니다."

"굴뚝이군요!" 공작이 소리쳤다.

"그렇습니다!" 게르샤르 경감이 말했다.

"그러나 빅투아르 부인이 왜 굴뚝 안에 있었는지 이해가 안 갑니다." 공작이 말했다.

공작은 말하면서 벽난로로 갔다. 두 사람은 다 등불을 가지고 벽난로 안으로 발걸음을 내디뎠다. 게르샤르 경감은 벽을 밀었다. 벽돌들 중 일부가 무너져 입구가 드러났다. 불빛이 구멍을 통해 가득 찼다.

"따라오십시오." 게르샤르 경감이 공작에게 말하고 굴뚝으로 사라졌다.

p.151 공작은 굴뚝 속을 기어 올라갔다. 공작은 구르네 마르탱 씨의 거실과 정확히 같은 크기와 모양으로 된 커다란 텅 빈 방으로 들어갔다. 입구는 옆집으로 이어졌다.

"이 도둑들이 가구가 드나들기에 딱 맞는 충분히 큰 구멍을 만들 만큼 파렴치했다는 것이 놀랍습니다." 게르샤르 경감이 말했다. "이는 모두 오래 전에 준비되었어요."

"내 말이 그 말입니다." 공작이 말했다. "가구들이 여전히 이 집에 있을까요?"

"오, 아닙니다!" 게르샤르 경감이 말했다. "가구는 이 집 앞으로 난 골목으로 곧장 꺼내진 것입니다."

게르샤르 경감은 방을 나와 어두운 계단을 내려가 홀 안으로 들어갔다. 게르샤르 경감은 홀 창문의 덧문들을 열고 빛이 들어오게 했다. p.152 먼지가 두껍게 타일 바닥에 쌓여 있었다. 먼지 속에는 많은 발자국들이 있었다. 그들은 또한 꽃잎들도 발견했다.

"이것들은 싱싱하군요!" 게르샤르 경감이 말했다. "이것들은 무슨 꽃일까요?"

"샐비어입니다." 공작이 말했다.

"그렇죠. 샐비어입니다." 게르샤르 경감이 말했다. "이 분홍색 색조를 얻는 데 성공한 사람은 프랑스에서 단 한 명의 정원사뿐입니다. 그는 샤르메라스 댁에 있는 구르네 마르탱 씨의 정원사이지요."

"샤롤레 집안이요." 공작이 말했다.

"그런 것 같습니다." 게르샤르 경감이 말했다. "내가 아주 많이 착각한 것이 아니라면, 도둑들은 구르네 마르탱 씨의 집 현관문으로 들어왔습니다."

"물론입니다." 공작이 말했다. "도둑들은 샤르메라스 공작 저택에서 열쇠들을 가지고 왔어요."

"네, 하지만 누가 도둑들을 위해 두 번째 자물쇠를 열어 주었을까요?" 게르샤르 경감이 말했다. "집사가 잠자리에 들기 전에 두 번째 자물쇠를 돌렸습니다. p.153 집사가 저에게 그렇게 말했어요."

"공범들이 도왔다는 말입니까?" 공작이 물었다.

"아마도요." 게르샤르 경감이 말했다. "아직은 모릅니다. 제가 직접 이 집 전체를 직접 수색하지는 않을 것입니다. 저는 그저 계단을 수색하고 싶을 뿐입니다."

그렇게 말하고 게르샤르 경감은 현관문을 열고 나가서 계단을 주의 깊게 조사했다.

"우리가 왔던 길로 되돌아가야겠습니다." 게르샤르 경감이 말했다. "거실 문이 잠겨 있어요."

그들은 계단으로 도로 올라가, 입구를 통과하여 구르네 마르탱 씨 저택의 거실로 갔다.

"게르샤르 경감!" 포르메리 형사부장이 소리쳤다. "왜 나를 들여보내지 않는 것인가?"

게르샤르 경감은 문의 자물쇠를 열었고, 포르메리 형사부장이 아주 상기된 얼굴로 뛰어 들어왔다.

p.154 "도대체 무엇을 하고 있었나?" 포르메리 형사부장이 소리쳤다. "내가 문을 두드렸을 때 왜 문을 열지 않았지?"

"안 들렸습니다." 게르샤르 경감이 말했다. "저는 도둑들이 실제로 간 곳을 따라 가고 있었으니까요."

# 소냐에 대한 심문

p.155 공작은 구르네 마르탱 씨를 찾으러 그의 방으로 갔다. 공작은 구르네 마르탱 씨가 침대에 누워 있는 것을 발견했다. 구르네 마르탱 씨는 의기소침해 보였다.

"보관을 잃어버렸어." 마침내 구르네 마르탱 씨가 말했다.

"뭐라고요!" 공작이 말했다. "벌써요?"

p.156 "아니, 그것은 여전히 금고 안에 있어." 백만장자가 말했다.

"보관이 지금 그곳에 있을 것이라고 확신하세요?" 공작이 물었다.

"자네가 직접 그것을 찾아보게나." 외투 주머니에서 금고 열쇠를 꺼내어 그것을 공작에게 건네며 백만장자가 말했다.

공작은 금고를 열었다. 보관이 들어 있던 상자는 공작 앞에 있는 선반 중앙에 놓여 있었다. 공작은 백만장자를 바라보고 그가 눈을 감고 있는 것을 보았다. 공작은 상자를 열고 보관을 꺼내어 주의 깊게 그것을 살펴보았다. 공작은 그것을 상자에 도로 집어넣었다.

"이 에메랄드는 정말로 색이 탁하군요." 공작이 백만장자에게 말했다. "어쩌면 장인어른께서 새것으로 바꿔 끼우셔야 할 것 같군요."

"오, 아닐세." 백만장자가 말했다. "자네는 무언가 아주 오래된 것을 변경해서는 안 된다네. 그러면 값을 덜 나가게 만드는 거야."

p.157 공작은 상자를 닫고 그것을 선반 위에 도로 놓고 금고를 잠갔다. 공작은 열쇠를 백만장자에게 건넸다. 그런 다음 공작은 방을 가로질러 걸어가서 거리를 내려다보았다.

"저는 집으로 가서 옷을 갈아입어야 할 것 같습니다." 공작이 천천히 말했다.

"자네는 나를 이렇게 두고 가면 안 되네!" 백만장자가 말했다.

"오, 장인어른께는 게르샤르 경감, 포르메리 형사부장, 그리고 네 명의 다른 형사들이 있고, 여섯 명의 경찰관들이 장인어른을 지켜드리잖아요." 공작이 말했다. "딱 30분만 자리를 비울게요."

"어, 그래야 한다면, 그래야겠지." 구르네 마르탱 씨가 말했다.

"그러면 잠깐 계십시오." 공작이 말했다. 그리고 공작은 방을 나가 계단을 내려갔다. 공작은 막 떠나려던 참이었다.

p.158 "죄송합니다만, 공작님, 게르샤르 경감님이 집을 떠나도 된다고

허락하셨나요?" 문간에 있던 경찰관이 물었다.

"게르샤르 경감이 나와 무슨 상관이 있는가?" 공작이 소리쳤다. "나는 샤르메라스 공작이야." 그리고 공작은 문을 열었다.

"그것은 포르메리 형사부장님의 명령이었습니다, 공작님." 경찰관이 의심스러워하면서 대답했다.

"포르메리 형사부장의 명령?" 공작이 맨 위 계단에 서서 말했다. "택시 좀 불러 주게, 부탁하네."

경찰관 옆에 서 있던 집사가 택시를 불렀다. 택시가 문으로 다가왔고, 공작은 계단을 내려가 그 안에 올라타고 그곳을 떠났다.

45분 후 공작은 보다 편안한 옷으로 갈아입고 돌아왔다. 공작은 거실로 올라갔고, 그곳에서 게르샤르 경감, 포르메리 형사부장, 그리고 조사관을 발견했다. p.159 그들은 방금 옆집을 수색했고 도난당한 보물들은 하나도 발견하지 못했다. 그들은 공작에게 그곳에 있던 도둑들에 관한 단서를 하나도 찾지 못했다고 말했다.

포르메리 형사부장은 일어났을지도 모르는 것에 관한 이상한 생각들을 많이 가지고 있었다. 공작은 지루해 하면서 들었다. 포르메리 형사부장이 더 복잡한 설명들 중 하나를 늘어놓던 중 전화벨이 울렸다.

게르샤르 경감이 전화를 받았다.

"저는 샤르메라스 댁에 있는 정원사와 이야기를 해 봐야겠다고 요구했지만 그가 오늘은 외출한 것 같습니다." 게르샤르 경감은 통화를 끝마친 후 다른 사람들에게 말했다.

포르메리 형사부장은 말을 계속 이어갔다. 이윽고 게르샤르 경감은 조사관에게 빅투아르 부인이 깨어났는지 알아보라고 했다. 조사관은 빅투아르 부인의 방으로 갔다가 돌아왔다. 빅투아르 부인은 여전히 잠자고 있었다.

p.160 "자, 그러면 포르메리 형사부장님, 우리는 다시 크리슈노프 양을 심문해야 할 것 같습니다." 게르샤르 경감이 말했다. "가서 크리슈노프 양을 데려오겠나, 조사관?"

"정말이지 저는 경감님이 왜 그 가엾은 여자를 못살게 구는지 이해가 안 됩니다." 공작이 말했다.

"실례합니다." 게르샤르 경감이 공작을 바라보며 말했다. "그 여자를 철저히 심문하는 것이 우리의 임무입니다. 제 생각에는 크리슈노프 양을 우리끼리 심문하는 것이 낫겠군요."

"물론이죠." 공작이 약간 화를 내며 말했다. 공작은 방을 나갔다.

"자, 절대 겁을 먹어서는 안 되오, 소냐 양." 공작이 밖에서 소냐에게 말했다. "그들이 당신을 혼란스럽게 하도록 두면 안 되오."

"고맙습니다, 공작님." 소냐가 말했다.

공작은 계속 계단을 올라가서 기다렸다. 마침내 그에게는 몇 달 같은 30분이 끝난 후 목소리가 들렸다. p.161 공작은 조사관과 소냐를 보았다.

"저, 소냐 양, 괜찮소?" 공작이 소냐에게 물었다.

"끔찍했어요." 소냐가 희미하게 말했다.

"이제 끝났소." 공작이 말했다. "누워서 쉬는 것이 낫겠소."

소냐는 자기 방으로 들어갔다. 그런 다음 공작은 위층 거실로 올라갔다. 포르메리 형사부장은 탁자에서 글을 쓰고 있었다. 게르샤르 경감은 포르메리 형사부장 옆에 서 있었다.

"자, 포르메리 형사부장님, 크리슈노프 양이 어떤 새로운 정보를 주던가요?" 공작이 물었다.

"아니요, 하지만 게르샤르 경감은 다른 의견이 있는 것 같군요." 포르메리 형사부장이 말했다. "하지만 크리슈노프 양이 아르센 뤼팽의 친구가 아니라는 것은 게르샤르 경감까지도 알아차리고 있을 것이라고 생각합니다."

p.162 "크리슈노프 양이 아르센 뤼팽과 어떤 관계가 있다고 생각한 적이 확실히 없었나요?" 공작이 물었다.

"그렇게 생각한 적 없습니다." 포르메리 형사부장이 말했다.

"하지만 그 외의 다른 절도 사건들은 어떤가요?" 게르샤르 경감이 말했다. "항상 그 펜던트가 있었죠. 저는 그 펜던트가 집 안에 있다고 믿습니다. 그 펜던트를 누가 가지고 있는지 알 수 있다면 이 수수께끼의 열쇠를 갖게 될 것 같은 느낌이 듭니다."

공작이 미소를 지었다.

# 빅투아르 부인의 실수

p.163 "이제 보니 옷을 갈아입으셨네요, 공작님." 게르샤르 경감이 말했다. "이곳에서 옷을 갈아입으셨을 것이라고 생각합니다."

"아니요. 집에 갔습니다." 공작이 말했다. "경찰관이 가지 말라고 했지만 아무튼 저는 갔지요."

"우리는 법칙을 존중해야 합니다." 포르메리 형사부장이 말했다.

p.164 "나는 공작입니다." 공작이 포르메리 형사부장에게 미소를 지으며 말했다. "같은 법칙을 따를 필요가 없지요."

포르메리 형사부장이 애처롭게 고개를 흔들었다.

"도둑들이 벽난로 안에 입구를 만들었다면, 그들이 왜 현관문을 통해 다녔을까요?" 공작이 포르메리 형사부장에게 물었다. "왜 자기들을 들여보내줄 누군가를 필요로 한 것일까요?"

"아마도 도둑들은 현관문을 사용할 필요가 하나도 없었을 것입니다." 게르샤르 경감이 말했다. "아마도 도둑들은 단지 우리를 혼란스럽게 하려고 문의 자물쇠를 열었을 것입니다. 또한 어쩌면 도둑들은 현관으로 들어왔을 때 아직 입구를 뚫지 못했을 수도 있습니다. 제 생각에는 도둑들이 현관으로 들어온 후에 입구를 만든 듯합니다."

"경감님이 옳을지도 모르죠." 공작이 말했다. "하지만 누가 도둑들을 도와준 거였나요?

문에서 두드리는 소리가 났다. 집사가 공작에게 제르맹이 쇼핑을 마치고 돌아와 그와 이야기하려고 기다리고 있다고 말했다. p.165 공작은 제르맹에게 가서 게르샤르 경감이 소냐를 혼자 있게 내버려두게 해 달라고 설득하려고 애썼다.

제르맹은 소냐를 도와주지 않겠다고 말했다. 그래서 공작은 결혼 선물에 관해서 제르맹을 짜증나게 하기 시작했다. 마침내 제르맹은 공작에게 나가라고 말했고, 공작은 방을 나갔다. 공작은 게르샤르 경감과 포르메리 형사부장과 함께 기다렸다. 경찰관들은 여전히 집 안을 뒤지고 도둑맞은 자동차들을 찾고 있었다.

약 5시쯤 게르샤르 경감은 따분해져서 다른 경찰관들을 도와주러 자진해서 나갔다. 공작은 그녀의 친구들과 있는 제르맹을 지켜보면서 시간을 보냈다.

7시 30분에도 게르샤르 경감은 돌아오지 않았다. 구르네 마르탱 씨는 식당에서 손님들을 접대하고 있었다. 백만장자는 자기 손님들에게 자기가 얼마나 불행한지에 관해 말하는 것을 즐기고 있었다. p.166 머지않아 공작은 그들에게서 몰래 빠져나와 게르샤르 경감을 발견했다.

"저기, 게르샤르 경감님." 공작이 게르샤르 경감에게 유쾌하게 말했다. "경감님 부하들 중 누가 단서를 발견했나요?"

"아니요, 공작님." 게르샤르 경감이 말했다. "도둑들이 훔친 물건들을 아주 신속하게 차에 싣고 가져가 버린 모양입니다."

"포르메리 형사부장님은 돌아오시는 중인가요?" 공작이 물었다.

"오늘 밤에는 안 돌아오실 거예요." 게르샤르 경감이 말했다.

"경감님은 분명 기분이 좋으시겠군요." 공작이 말했다.

"오, 아닙니다." 게르샤르 경감이 말했다. "저는 포르메리 형사부장님에게 익숙해져 있습니다……."

문이 열리고 형사인 보나방이 들어왔다.

"가정부가 깨어났습니다, 게르샤르 경감님." 보나방 형사가 말했다.

"잘됐군." 게르샤르 경감이 말했다. "그 여자를 여기로 데려오게."

**p.167** 보나방 형사는 방을 떠났다. 공작은 안락의자에 앉았고, 게르샤르 경감은 벽난로 앞에 섰다. 문이 열리고 보나방이 빅투아르 부인을 안으로 데리고 왔다. 빅투아르 부인은 유쾌한 얼굴, 검은 머리, 반짝이는 갈색 눈을 지닌 몸집이 큰 중년 여인이었다.

"도둑들이 몇 명 있었습니까, 빅투아르 부인?" 게르샤르 경감이 물었다.

"열두 명이요!" 빅투아르 부인이 말했다. "제가 소리를 들었어요. 저는 아래층으로 내려갔죠. 도둑들 중 한 놈이 뒤에서 저에게 달려들어 저를 거의 질식시킬 뻔했어요."

"그놈들의 얼굴을 봤어요?" 게르샤르 경감이 물었다.

"아니요, 그랬다면 좋았을 텐데요." 빅투아르 부인이 말했다.

"부인은 부인 방으로 자러 갔지요." 게르샤르 경감이 말했다. "지붕에서는 무슨 소리를 들었나요?"

**p.168** "아니요, 소리는 이곳 아래에서 들었어요." 빅투아르 부인이 말했다.

"그러면 부인은 계단 밑에서 묶인 겁니까, 아니면 이 방에서 묶인 겁니까?" 게르샤르 경감이 물었다.

"도둑들은 저를 여기에 밀어 넣고 여기에서 저를 묶었어요." 빅투아르 부인이 말했다. "그 일에는 그놈들 가운데 네 명이 필요했어요. 저는 내내 그들과 싸웠죠!"

"부인이 그랬을 거라고 확신합니다." 게르샤르 경감이 유쾌하게 말했다. "그리고 내 생각에는 그 네 명이 부인을 묶으려는 동안 다른 도둑들은 둘러서서 지켜보았을 것 같습니다만."

"오, 아니에요." 빅투아르 부인이 말했다. "그들은 그러기에는 너무 바빴어요."

"그들이 무엇을 하고 있었는데요?" 게르샤르 경감이 물었다.

"그들은 벽에서 그림들을 떼어내어 창문을 통해 그것들을 창문 밖 사다리 아래로 내리고 있었어요." 빅투아르 부인이 말했다.

"그림을 떼어낸 벽에서 그 사람이 직접 그것을 사다리 아래로 내렸다는 말입니까?" 게르샤르 경감이 물었다. p.169 "아니면 그 사람이 사다리 위에 서서 그림을 받을 준비를 하고 있던 사람에게 창문을 통해 그림을 건네주었다는 말입니까?"

"오, 그 사람이 창문을 통해 나갔어요." 빅투아르 부인이 말했다. "그리고 자기가 직접 사다리 아래로 그림을 가지고 내려갔어요."

"방으로 들어왔을 때 부인은 어디에 있었는데요?" 게르샤르 경감이 물었다.

"저는 문에 기대어 있었어요." 빅투아르 부인이 말했다.

"그럼 난로의 가리개는 어디에 있었나요?" 게르샤르 경감이 물었다. "그것이 벽난로 앞에 있었습니까?"

"아니요." 빅투아르 부인이 말했다. "그것은 왼쪽에 있었어요."

"오, 가리개가 어디에 세워져 있었는지 보여 주시겠어요?" 게르샤르 경감이 말했다. "나는 그 차단막의 네 개의 다리가 있었던 정확한 장소를 알아야 합니다. 분필이 좀 필요합니다. p.170 부인은 분필을 좀 가지고 있지요, 그렇죠?"

"오, 그럼요." 빅투아르 부인이 말했다. "저는 때때로 여가 시간에 하녀들 중 한 명에게 드레스를 만들어 주거든요."

"그렇다면 분필을 가지고 있겠군요." 게르샤르 경감이 말했다.

"오, 그럼요." 빅투아르 부인이 손을 드레스 주머니에 넣으며 말했다. "내가 무슨 말을 하고 있는 것이지?" 빅투아르 부인이 초조한 목소리로 중얼거렸다. "저는 분필을 가지고 있지 않아요. 어제 다 썼어요."

"내 생각에 부인은 분필을 가지고 있습니다, 빅투아르 부인." 게르샤르 경감이 말했다. "주머니 속에서 감촉을 느끼고 확인해 보십시오."

갑자기 게르샤르 경감이 빅투아르 부인에게 달려들어 그녀를 잡고 자기 손을 그녀의 주머니 안에 넣었다.

"놔 주세요!" 빅투아르 부인이 말했다. "아파요."

"이것은 무엇입니까?" 게르샤르 경감이 파란 분필 조각을 들어 올리며 말했다.

p.171 "음, 그것이 뭐 어때서요?" 빅투아르 부인이 소리쳤다. "그것은 분필이잖아요."

게르샤르 경감은 문으로 가서 보나방 형사를 불렀다. 보나방 형사가 들어왔다.

"죄수 호송차가 오면 이 여자를 태워서 경찰서로 보내게." 게르샤르 경감이 말했다.

"하지만 제가 무슨 짓을 했다고요?" 빅투아르 부인이 소리쳤다. "저는 결백해요! 아무 짓도 하지 않았다고요."

"부인은 경찰서에서 경찰에게 그것을 설명하면 됩니다." 게르샤르 경감이 말했다.

빅투아르 부인은 게르샤르 경감의 눈을 똑바로 쳐다보았고 그런 다음 조용히 방을 나갔다.

## 소녀의 탈출

p.172 "분필이라고요?" 공작이 말했다. "그것이 같은 분필인가요?"

"파란 분필이죠." 게르샤르 경감이 그것을 내밀며 말했다. "벽에 있던 서명과 같은 색깔입니다."

"꽤 의외군요." 공작이 말했다. "세상에서 가장 정직한 여자처럼 보이던데 말이죠."

p.173 "아, 뤼팽을 잘 모르시네요, 공작님." 게르샤르 경감이 말했다. "뤼팽은 여자들과 무엇이든 할 수 있고, 여자들은 뤼팽을 위해서라면 무엇 짓이든 하려고 하지요."

"그 여자 빅투아르 부인이 정말로 안됐군요." 공작이 말했다. "아주 착한 사람처럼 보이던데요."

"감옥은 착한 사람들로 가득하죠." 게르샤르 경감이 말했다. "그들은 나쁜 사람들보다 훨씬 더 자주 잡히거든요."

"이렇게 여자들을 이용해서 그 여자들을 궁지에 몰아넣는 뤼팽은 상당히 비열해 보이네요." 공작이 말했다.

"하지만 뤼팽은 그렇지 않습니다." 게르샤르 경감이 말했다. "적어도 지금까지는 그런 적이 없어요. 이 빅투아르 부인은 우리가 처음으로 잡은 여자입니다. 그런데 괜찮으시다면 저는 공작님이 이 명함을 가지고 계시면 좋겠습니다. 이 명함을 경찰관들에게 보여 주시면 이 집을 드나드는 것이 허용될 것입니다."

p.174 문에서 두드리는 소리가 났고, 키가 크고 마르고 턱수염을 기른 남자가 방으로 들어왔다.

"아, 디외시!" 게르샤르 경감이 소리쳤다. "마침내 왔군! 무슨 새로운 소식이 있나?"

"유개 화물차가 옆집의 바깥 골목에서 대기 중이었다는 것을 알았습니다." 디외시 형사가 말했다.

"몇 시에 말인가?" 게르샤르 경감이 물었다.

"새벽 4~5시예요." 디외시 형사가 말했다.

"누가 그것을 보았지?" 게르샤르 경감이 말했다.

"거지입니다." 디외시 형사가 말했다.

"그러면 그들은 화물 유개차에 짐을 싣기 전에 두 집 사이에 난 구멍을 메웠다는 것이로군." 게르샤르 경감이 생각에 잠겨 말했다. "내 생각에는 그런 것 같아. 그밖에 다른 것은?"

"화물 유개차가 떠나고 몇 분 뒤에 운전수 복장을 한 어떤 남자가 집에서 나왔습니다." 디외시 형사가 말했다.

p.175 "운전수 복장?" 게르샤르 경감이 재빨리 말했다.

"네, 그리고 집에서 약간 떨어진 데서 그 남자는 사탕 봉지를 버렸습니다." 디외시 형사가 말했다. "여기 있어요."

"공작님, 저는 이전에 공작님이 이 사탕을 드시고 계신 것을 보았습니다." 게르샤르 경감이 말했다. "샤르메라스 저택에 이 사탕을 가지고 계시지요?"

"오, 네." 공작이 말했다. "대부분의 탁자 위에는 사탕 상자가 있어요."

"음, 여기 있어요." 게르샤르 경감이 말했다.

"샤롤레 일당 중 한 명이 사탕을 가지고 온 것이 분명하다는 말씀이시군요." 공작이 말했다. "그리고 뤼팽이 샤롤레 일당 중 한 명이고요."

"아직 그렇게 말할 수는 없습니다." 게르샤르 경감이 말했다.

"이 남자를 보고 싶군요!" 공작이 말했다.

"오늘 밤 그 자를 보시게 될 것입니다." 게르샤르 경감이 말했다. p.176

"뤼팽이 11시 45분~12시에 보관을 훔치러 올 테니까요."

"절대 안 그럴 걸요!" 공작이 말했다. "경감님은 뤼팽이 실제로 그렇게 할 거라고 정말 믿지는 않으시는군요."

"아, 이 남자를 모르시는군요, 공작님." 게르샤르 경감이 말했고, 다시 말을 꺼내기 전에 망설였다. "공작님은 저와 함께 자취를 따라왔습니다, 공작님. 우리는 각각의 단서를 함께 수집했지요. 공작님은 이 남자가 일하는 모습을 거의 보신 것입니다. 공작님은 그가 어떤 자인지 이해하셨어요."

"경감님 말씀이 옳은 것 같군요." 공작이 말했다.

"그리고 거지가 운전수 복장을 한 남자를 따라갔나?" 게르샤르 경감이 디외시 형사에게 몸을 돌리고 말했다.

"네, 거지가 그 남자를 약 100야드 정도 따라갔습니다." 디외시 형사가 말했다. "그는 슈로 거리를 내려가 서쪽으로 방향을 돌렸지요. 그런 다음 자동차가 한 대 다가왔어요. 그는 그 자동차에 올라타고 떠났습니다."

p.177 "어떤 종류의 자동차였지?" 게르샤르 경감이 물었다.

"크고 검붉은 색깔의 자동차였어요." 디외시 형사가 말했다.

"그것이 도난당한 자동차로군요!" 공작이 소리쳤다.

"자, 가 보게." 게르샤르 경감이 말했다. "이제 수사를 시작했으니까 머지않아 또 다른 정보를 얻을 수 있을 것이네."

"경감님은 원하는 모든 가능한 정보를 손에 쥐고 계시는 것 같군요." 공작이 말했다.

그때 제르맹의 하녀인 이르마가 방으로 들어왔다.

"괜찮으시다면 공작님, 크리슈노프 양이 잠깐 공작님과 이야기를 나누고 싶어 합니다." 이르마가 말했다.

"오?" 공작이 말했다. "크리슈노프 양은 어디에 있는가?"

"방에 있습니다, 공작님." 이르마가 말했다.

"오, 잘 알았어요." 공작이 말했다. "내가 크리슈노프 양에게 올라가겠소. 서재에서 그녀와 이야기를 나누면 되겠군."

공작이 일어나서 문을 향해 가려고 하는데 게르샤르 경감이 앞으로 나서서 그를 제지했다.

p.178 "안 됩니다, 공작님." 게르샤르 경감이 말했다.

"안 돼요?" 공작이 말했다. "왜 안 되는 거죠?"

"저와 이야기를 나누실 때까지 1~2분만 기다리십시오." 게르샤르 경감이 말했다. 게르샤르 경감은 주머니에서 접힌 종이 한 장을 꺼내어 그것을 들어 올렸다.

"크리슈노프 양에게 내가 거실에 있다고 전하게." 공작이 이르마에게 말했다. "좀 바쁘니 5분 후에 가겠다고."

"네, 공작님." 이르마가 말했고, 문 밖으로 나갔다.

"크리슈노프 양에게 모자를 쓰고 망토를 두르라고 하시오." 게르샤르 경감이 말했다.

"네, 경감님." 이르마가 말하고 떠났다.

"이해가 안 됩니다." 공작이 말했다.

"제가 이것을 포르메리 형사부장님에게서 받았습니다." 게르샤르 경감이 종이를 들어 올리며 말했다.

"그것이 무엇입니까?" 공작이 물었다.

"크리슈노프 양의 체포 영장입니다." 게르샤르 경감이 말했다.

**p.179** "오, 그것은 있을 수 없는 일이에요." 공작이 말했다.

"제 질문에 대한 그 아가씨의 대답은 이상했어요." 게르샤르 경감이 말했다. "그 아가씨가 무언가 숨기고 있다는 의심이 듭니다."

"그러면 크리슈노프 양을 체포하기로 결정하셨습니까?" 공작이 천천히 말했다.

"지금 그렇게 하려고 합니다." 게르샤르 경감이 손목시계를 바라보았다. "죄수 호송차가 문에서 기다리고 있을 것입니다. 크리슈노프 양과 빅투아르 부인은 함께 갈 수 있습니다."

"크리슈노프 양은 길을 잃은 아이와 같습니다." 공작이 말했다. "그리고 그 여자가 찾아낸 그 초라한 작은 은신처…… 옆집에 있는 작은 방구석에 던져진…… 그 손수건……."

"뭐라고요!" 게르샤르 경감이 놀라서 소리쳤다. "손수건이요!"

"그 여자는 아주 어설퍼요." 공작이 말했다.

**p.180** "손수건 안에 무엇이 있었죠?" 게르샤르 경감이 물었다. "펜던트의 진주들인가요?"

"네, 경감님은 그 일에 대해 모든 것을 알고 계신 줄 알았는데요." 공작이 말했다. "물론 포르메리 형사부장님이 경감님께 메시지를 남겼고요."

"아니요, 그에 대해서는 아무것도 못 들었어요." 게르샤르 경감이 말했다.

"형사부장님이 그것을 발견했을 때는 경감님이 집에 안 계셨을 때였죠." 공작이 말했다. "경감님이 가신 후 얼마 안 되어 크리슈노프 양이 자기 방을 빠져나간 것이 분명합니다."

"포르메리 형사부장님이 크리슈노프 양 소유의 손수건을 발견하셨다는 말이군요." 게르샤르 경감이 말했다. "그것이 어디에 있나요?"

"포르메리 형사부장님이 진주는 가져갔지만 손수건은 남겨두었어요." 공작이 말했다. "내 생각에는 그것이 형사님이 발견한 구석에 있는 것 같습니다."

"포르메리 형사부장님이 손수건을 남겨두셨다고요?" 게르샤르 경감이 말했다. 게르샤르 경감은 벽난로로 달려가 등불을 잡고 등불에 불을 붙이기 시작했다.

p.181 "손수건이 어디에 있지요?" 게르샤르 경감이 소리쳤다. "이제 공작님이 크리슈노프 양이 무언가 나쁜 일을 저질렀다는 것을 알려 주실 방법을 제게 주신 겁니다! 그러니까 그녀가 도둑들을 도왔던 것입니다." 게르샤르 경감이 의기양양하게 말했다.

"뭐라고요?" 공작이 소리쳤다. "경감님도 그렇게 생각하세요? 내가 같이 가 드릴까요? 그 손수건이 어디에 있는지 내가 압니다."

"아니요, 괜찮습니다, 공작님." 게르샤르 경감이 말했다. "혼자 가는 것이 오히려 좋아요."

"내가 도와드리는 것이 더 나을 것입니다." 공작이 말했다.

"아니요, 공작님." 게르샤르 경감이 단호하게 말했다.

"좋으실 대로 하세요." 공작이 말했다.

공작은 게르샤르 경감이 입구를 통과하여 올라가는 소리에 귀를 기울였다. 보나방 형사는 젊은 경찰관이 오후 내내 앉아 있던 의자에 앉아 있었다. 소냐는 모자를 쓰고 외투를 입은 채로 계단을 반쯤 내려오고 있었다.

p.182 공작은 거실 문 안으로 머리를 들이밀었다.

"크리슈노프 양이 여기 왔습니다, 게르샤르 경감님." 공작이 텅 빈 방에 대고 말했다. 공작은 문을 활짝 열었다. 소냐는 계단을 내려와 방으로 들어갔다. 공작은 소냐를 따라 거실로 들어가서 문을 닫았다.

"게르샤르 경감이 당신을 체포할 거요." 공작이 말했다. "당신은 가야 해요."

"하지만 제가 어떻게 가요?" 소냐가 말했다. "아무도 집을 나갈 수 없어요. 게르샤르 경감이 용납하지 않는다고요."

"우리는 해낼 수 있소." 공작이 말했다.

공작은 게르샤르 경감의 망토 쪽으로 달려갔다. 공작은 주머니에서 명함 통을 꺼내어 책상으로 가서 앉았다. 공작은 자기 외투 주머니에서 게르샤르 경감이 자신에게 준 명함과 연필을 꺼냈다. 그런 다음 공작은 명함 통에서 명함을 한 장 꺼내어 자기가 가지고 있던 명함의 내용을 베껴 쓰기 시작했다. p.183 공작은 이렇게 적었다.

크리슈노프 양을 통과시킬 것.
J. 게르샤르

"이제 빨리 집에서 나가야 하오." 공작이 말했다. "이 명함을 문에 있는 형사들에게 보여 주시오. 내가 내일 아침 8시 30분까지 당신에게 전화하지 않으면 내 집으로 곧장 오시오."

"네, 알았어요." 소냐가 말했다.

공작은 소냐에게 부드럽게 입을 맞추었다. 공작은 소냐를 보내 주었고, 그녀는 집을 떠났다.

# 공작, 머물다

p.184 공작은 문을 닫고 문에 몸을 기대고 걱정스럽게 귀를 기울였다. 그때 게르샤르 경감이 계단을 내려와 벽난로 밖으로 나왔다.

"이해가 안 되는군요." 게르샤르 경감이 말했다. "아무것도 못 찾았습니다."

"아무것도요?" 공작이 말했다. "내가 경감님이라면 돌아가서 다시 찾아보겠어요."

p.185 "아니요." 게르샤르 경감이 걱정스러워하며 말했다. "제가 잠깐이라도 살펴볼 필요는 없습니다. 하지만 이상하군요."

"아주 이상하지요." 공작이 미소를 머금고 말했다.

게르샤르 경감은 공작을 바라보다가 그런 다음 초인종을 울렸다.

보나방 형사가 방으로 들어왔다.

"크리슈노프 양을 체포하게, 보나방." 게르샤르 경감이 말했다. "그녀를 경찰서로 데려가야 할 시간이네."

"크리슈노프 양은 떠났습니다, 경감님." 보나방 형사가 말했다.

"떠나다니!" 게르샤르 경감이 소리쳤다. "그런데 누가 그녀를 내보냈지?"

"문 앞을 지키던 형사들입니다." 보나방 형사가 말했다.

"문 앞에 있던 형사들이라고?" 게르샤르 경감이 말했다. "그 바보들을 데려오게."

p.186 보나방 형사는 계단 맨 위로 올라가 그들을 불렀다. 곧 형사 두 명이 거실로 들어왔다.

"왜 크리슈노프 양이 내 명함도 없이 집을 나가게 놔두었지?" 게르샤르 경감이 물었다.

"하지만 크리슈노프 양은 경감님의 명함을 가지고 있었습니다, 경감님." 형사들 중 한 명이 말했다.

"그 여자가 명함을 가지고 있었다고?" 게르샤르 경감이 말했다. "누군가가 명함을 베꼈군!"

게르샤르 경감은 잠시 생각에 잠겨 서 있었다. 그런 다음 조용히 두 명의 자기 부하들에게 제자리로 돌아가라고 말했다. 그런 다음 게르샤르 경감은 천천히 거실로 돌아와 공작을 신경질적으로 바라보았다.

"왜 그러세요?" 공작이 말했다. "그 불쌍한 어린아이를 감옥에 보냈습니까?"

"그 불쌍한 여자는 방금 탈출했습니다." 게르샤르 경감이 말했다.

"그 말을 들으니 기쁘군요!" 공작이 소리쳤다. "그 여자는 정말로 어린아이였어요!"

p.187 "뤼팽의 조력자가 되지 못할 정도로 어리지는 않죠." 게르샤르 경감이 말했다.

게르샤르 경감은 거실로 달려갔다. 게르샤르 경감은 자신의 망토를 발견하고 그것을 집어 올려 주머니에서 명함 통을 꺼냈다. 게르샤르 경감은 그 안에 있는 명함들의 개수를 세었다. 그런 다음 게르샤르 경감은 공작을 바라보았다.

공작은 게르샤르 경감에게 미소를 지었다.

게르샤르 경감은 명함 통을 자신이 입고 있는 외투 주머니에 넣었다.

"보나방!" 게르샤르 경감이 소리쳤다.

보나방 형사가 문을 열고 문간에 서 있었다.

"내 생각에는 자네가 빅투아르 부인을 죄수 호송차로 보냈지." 게르샤르 경감이 말했다.

"오, 한참 전에요, 경감님." 보나방 형사가 말했다. "죄수 호송차는 9시 30분부터 문에서 기다리고 있었습니다."

"9시 30분이라고?" 게르샤르 경감이 말했다. "하지만 11시까지는 오지 말라고 내가 그들에게 말했는데."

p.188 "그러면 다른 죄수 호송차는 보내는 게 낫겠군요." 보나방 형사가 말했다.

"다른 죄수 호송차라니?" 게르샤르 경감이 말했다.

"방금 도착한 죄수 호송차 말입니다." 보나방 형사가 말했다.

"뭐야?" 게르샤르 경감이 갑자기 걱정스럽게 소리쳤다. "빅투아르 부인을 보낼 때 경찰이 그 차를 모는 것을 봤나?"

"네, 경감님." 보나방 형사가 말했다.

"그들을 알아보았나?" 게르샤르 경감이 물었다.

"아니요." 보나방 형사가 말했다.

"이 멍텅구리 바보야!" 게르샤르 경감이 소리쳤다. "자네는 빅투아르 부인을 뤼팽 소유의 가짜 죄수 호송차로 보낸 거야. 뤼팽이 빅투아르 부인이 언제 깨어났고 언제 집을 나설지 어떻게 알았을까? 내가 모든 곳에 보초를 세워 두었는데. 올라가서 빅투아르 부인의 방을 다시 수색하게!"

보나방 형사는 재빨리 나갔다.

"저는 제 부하들에게 '모든 것을 의심하라'라고 말합니다." 게르샤르 경감이 말했다.

p.189 전화벨이 울렸고, 게르샤르 경감은 일어나서 그쪽으로 갔다.

"네, 형사과장 게르샤르입니다." 게르샤르 경감이 말했다.

게르샤르 경감은 몸을 돌려 공작에게 "샤르메라스 저택의 정원사입니다, 공작님."이라고 말했다.

"그래요?" 공작이 따분해하며 말했다.

"여보세요." 게르샤르 경감이 전화에 대고 말했다. "어제 당신의 온실에 누가 있었는지 알고 싶소. 누가 그곳의 분홍색 샐비어 중 몇 송이를 모을 수 있습니까?"

"나였다고 말했었는데요." 공작이 말했다.

"네, 네, 압니다." 게르샤르 경감이 말했다. 그리고 게르샤르 경감은 전화로 다시 얼굴을 돌렸다. "네, 어제요. 샤르메라스 공작 말고는 아무도 없었다고요? 고맙소."

게르샤르 경감은 공작을 바라보았다. 그때 문이 열리고 보나방 형사가 들어왔다.

p.190 "빅투아르 부인의 방을 조사하고 왔습니다." 보나방 형사가 말했다. "그곳에서 기도서를 찾아냈습니다."

"그 방은 어땠나?" 게르샤르 경감이 말했다.

"방 안에는 사진이 있었습니다." 보나방 형사가 말했다.

사진은 빅투아르 부인이 교회 나들이옷을 입고 17세가량의 어떤 소년과 함께 있는 것을 보여 주었다. 게르샤르 경감은 소년을 응시했다. 게르샤르 경감의 눈은 몰래 그 사진에서 공작의 얼굴로 계속 왔다 갔다 했다.

"무슨 일입니까?" 공작이 물었다.

"오, 아무것도 아닙니다." 게르샤르 경감이 말했다.

구르네 마르탱 씨는 계단 위로 재빨리 올라갔다. 제르맹은 더 천천히 따라갔다.

"제 아버지는 리츠 호텔로 주무시러 가실 거예요." 제르맹이 말했다. "그리고 나는 아버지와 함께 갈 거예요."

"뤼팽이 오늘 밤에 올 거라고 정말로 믿는 것은 아니지?" 공작이 웃으며 말했다.

p.191 "안전한 쪽에 있는 것이 해가 될 것은 없어요." 제르맹이 말했다.

제르맹은 계단을 올라갔고 공작은 거실로 들어갔다. 공작은 여전히 골똘히 생각하며 자신이 그를 두고 온 자리에 서 있는 게르샤르 경감을 발견했다.

문이 열리고 구르네 마르탱 씨가 손에 가방을 들고 들어왔다.

"가실 이유가 없어요." 공작이 말했다. "왜 가시려고 합니까?"

"위험하니까." 구르네 마르탱 씨가 말했다.

"오, 원하신다면 열두 명의 경찰관들과 함께 방 안에 계셔도 됩니다." 공작이 말했다.

"물론입니다." 게르샤르 경감이 말했다. "선생은 위험에 빠지지 않을 것입니다, 구르네 마르탱 씨."

"고맙소." 백만장자가 말했다. "하지만 밖에 있는 편이 내게는 더 좋겠소."

p.192 제르맹은 갈 채비를 갖추고 방으로 들어왔다.

"이번에는 먼저 준비를 하셨네요, 아빠." 제르맹이 말했다. "당신도 갈 거예요, 자크?"

"아니요." 공작이 말했다. "나는 이곳에 머물러야 할 것 같소."

"저기 뤼팽이 정말 온다고 해도 보관을 찾을 수 없을 것이네." 구르네 마르탱 씨가 의기양양한 어조로 말했다. "내가 가져갈 거니까. 보관은 여기에 담아두었네." 그리고 구르네 마르탱 씨는 자기 가방을 들어 올렸다.

"만약 뤼팽이 정말로 그 보관을 훔치기로 작정했다면, 그리고 그가 그렇게 할 거라고 정말로 확신하신다면 제가 보기에 장인어른은 위험에 처해 계십니다." 공작이 말했다. "뤼팽은 장인어른 침실에 보관을 자기를 위해 준비해 놓으라고 요청했습니다. 뤼팽은 어느 침실인지는 말하지 않았어요."

"내가 그 생각은 못 했네!" 구르네 마르탱 씨가 말했다. 구르네 마르탱 씨는 열쇠를 꺼내어 가방 자물쇠를 열었다. 구르네 마르탱 씨는 가방을 열고, 주저하다가 다시 그것을 닫았다. "자네와 이야기하고 싶군, 공작."

p.193 구르네 마르탱 씨는 거실 밖으로 길을 안내했고, 공작은 그를 따라갔다. 구르네 마르탱 씨는 문을 닫았다.

"나는 모두를 의심하네." 구르네 마르탱 씨가 말했다.

"모두가 모두를 의심하죠." 공작이 말했다. "장인어른께서는 저를 의심하지 않는다고 확신하십니까?"

"농담할 시간이 없네." 백만장자가 초조하게 말했다. "내가 게르샤르 경감을 신뢰할 수 있다고 생각하나?"

"오, 그럴 것 같습니다." 공작이 말했다. "게다가 제가 게르샤르 경감을 지켜보기 위해 여기 있겠습니다."

"아주 잘됐군." 백만장자가 말했다. "게르샤르 경감을 믿어 보겠네."

백만장자와 공작이 방을 나왔을 때 게르샤르 경감이 빅투아르 부인의 사진을 제르맹에게 보여 주었다.

p.194 "공작님의 이 사진을 아십니까, 아가씨?" 게르샤르 경감이 재빨리 말했다.

제르맹은 사진을 가져가 그것을 쳐다보았다.

"여자의 얼굴은 알 것 같아요." 제르맹이 말했다. "하지만 이 사진이 10년 전 것이라면 공작님 사진은 아닌 것이 분명합니다."

"하지만 공작님을 닮았죠?" 게르샤르 경감이 말했다.

"오, 네, 지금의 공작님과 닮았네요." 제르맹이 말했다. "그러나 10년 전 공작님의 모습 같지는 않네요. 공작님은 그렇게 변했어요."

"오, 그런가요?" 게르샤르 경감이 말했다.

"네." 제르맹이 말했다. "남극으로 여행을 떠난 후, 공작님은 아팠어요. 의사들이 포기했었다니까요."

"오, 그랬어요?" 게르샤르 경감이 말했다.

"하지만 공작님의 건강은 이제 좋아졌어요." 제르맹이 말했다.

문이 열리고 백만장자와 공작이 방으로 들어왔다.

p.195 "위험이 있으니 게르샤르 경감님, 그래서 보관을 당신한테 믿고 맡기겠소." 구르네 마르탱 씨는 망설였다. 그런 다음 구르네 마르탱 씨가 보관을 게르샤르 경감에게 건넸다. "당신을 믿겠소이다, 게르샤르 경감님."

"내가 마음을 바꾸고 장인어른과 가야겠네요." 공작이 말했다. "잠을 자야겠어요. 안녕히 계십시오, 게르샤르 경감님."

"가실 건가요, 공작님?" 게르샤르 경감이 물었다.

"이런, 내가 머무는 것을 원하지 않으시잖아요, 그렇죠?" 공작이 말했다.

"네." 게르샤르 경감이 천천히 말했다.

"차라리 잠자러 가는 것이 나을 듯합니다." 공작이 말했다.

"두려우신가요?" 게르샤르 경감이 말했다.

"내가 머무르게 할 방법을 확실히 찾아내셨군요, 게르샤르 경감님." 공작이 말했다.

p.196 "그래, 있게나." 구르네 마르탱 씨가 급히 말했다.

제르맹과 그녀의 아버지는 집을 떠났다. 공작은 자기 손목시계를 보았다.

"20분만 더 있으면 되겠지." 공작이 말했다.

# 공작, 사라지다

p.197 거실에서 공작과 같이 있을 때, 게르샤르 경감은 초조해 보였다. 게르샤르 경감은 공작의 얼굴을 계속해서 빤히 쳐다보았다.

"왜 이곳까지 오시는 데 하룻밤이 꼬박 걸렸습니까?" 게르샤르 경감이 물었다.

p.198 "내 차가 고장이 나서 차를 수리해야 했어요." 공작이 대답했다.

"자동차 고치는 것을 도와줄 사람이 거기 아무도 없었나요?" 게르샤르 경감이 말했다.

"한 명도 없었어요." 공작이 말했다.

"이 모든 것이 매우 이상하군요." 게르샤르 경감이 전보다 더 강한 목소리로 말했다.

"뭐요?" 공작이 말했다.

"모든 것이요. 공작님의 사탕, 샐비어, 보나방 형사가 빅투아르 부인의 기도서에서 발견한 사진, 운전수 옷을 입은 남자, 그리고 마지막으로 공작님 차의 고장까지도요." 게르샤르 경감이 말했다. "저기, 보관 말인데요, 그것이 이 상자 안에 있지요?" 게르샤르 경감이 떨리는 목소리로 말하고 상자를 탁자 위에 놓았다.

"물론 그 안에 있지요." 공작이 초조하게 말했다.

게르샤르 경감은 상자를 열었고, 보관은 반짝였다.

공작은 탁자 옆 의자에 앉았다. 게르샤르 경감은 그 맞은편에 있는 의자에 앉았다. p.199 그들은 말이 없었다.

"누가 오고 있어요." 공작이 말했다.

"아니요, 사람 목소리는 안 들립니다." 게르샤르 경감이 말했다.

그때 발자국 소리가 나고 문 두드리는 소리가 났다.

보나방 형사가 들어왔다.

"수갑을 가지고 왔습니다, 경감님." 보나방 형사가 수갑을 꺼내며 말했다. "제가 같이 있어 드릴까요?"

"아닐세." 게르샤르 경감이 말했다. "두 사람은 뒷문에, 두 사람은 앞문에 세우고, 1층에는 방마다 한 사람씩 배치했나?"

"네, 그리고 2층마다 세 사람씩 배치해 두었습니다." 보나방 형사가 말했다.

"그러면 옆집에는?" 게르샤르 경감이 물었다.

"안에 열두 명의 형사들이 있습니다." 보나방 형사가 말했다.

게르샤르 경감은 공작의 얼굴을 바라보았다.

p.200 "만약 누구라도 그 집에 들어오려고 한다면 그 사람을 체포하게." 게르샤르 경감이 강력하게 말했다. "필요하면 그 사람에게 발포하게. 가서 다른 형사들에게도 말해 주도록."

"잘 알겠습니다, 경감님." 보나방 형사가 말하고 방을 나갔다.

"뤼팽은 이 방에 절대 들어올 수 없을 것입니다." 공작이 말했다.

"뤼팽은 그것이 아주 어렵다는 것을 알게 되겠죠." 게르샤르 경감이 미소를 지으며 말했다.

"경감님이 아르센 뤼팽이 아니라면 말이죠." 공작이 말했다.

"공작님도 뤼팽일 수 있어요." 게르샤르 경감이 말했다.

그들은 둘 다 웃었다. 공작은 일어나 하품을 하고 외투와 모자를 집어들었다.

"나는 자러 갑니다." 공작이 말했다.

"뭐라고요?" 게르샤르 경감이 말했다.

"저기, 나는 뤼팽을 보려고 있었습니다." 공작이 다시 하품을 하며 말했다. "하지만 이제 뤼팽을 볼 기회가 없으니까요."

"우리는 뤼팽을 보게 될 것입니다." 게르샤르 경감이 말했다. p.201 "그가 이미 이곳에 있어요, 공작님."

"어디요?" 깜짝 놀란 공작이 물었다. "경감님 부하들 중 한 명으로 있는 건가요?"

"저는 그렇게 생각하지 않아요." 게르샤르 경감이 공작을 주의 깊게 바라보며 말했다.

"자, 그러면 우리가 뤼팽을 만나겠군요." 공작이 의기양양하게 말하고 모자를 탁자 위 보관 옆에 내려놓았다.

"저도 그러기를 바랍니다." 게르샤르 경감이 말했다. "하지만 그자가 감히 들어올까요?"

"무슨 뜻입니까?" 공작이 물었다.

"한 시간 전이라면 아마도 뤼팽이 이 방에 들어오겠다고 결심했겠지만, 지금도 그럴까요?" 게르샤르 경감이 물었다.

게르샤르 경감의 목소리가 변했다. 게르샤르 경감의 목소리는 걱정하는 듯했지만, 공작에게 도전하고 있는 듯 들리기도 했다. 게르샤르 경감의 걱정스러우면서도 도전적인 눈은 공작의 얼굴 위에서 타올랐다.

p.202 공작이 호기심이 생긴다는 듯이 게르샤르 경감을 바라보았다.

"저기, 경감님은 나보다 더 뤼팽을 잘 아셔야 하잖아요." 공작이 말했다. "그를 아신 지 10년이 되셨잖아요."

"네, 그리고 저는 뤼팽의 행동 방식도 알지요." 게르샤르 경감이 미소를 지으며 말했다. "지난 10년 동안 저는 뤼팽의 게임을 배웠습니다. 공작님도 예상하시다시피, 뤼팽은 숨는 대신 자기 적을 공격하지요. 뤼팽은 적을 혼란스럽게 합니다."

"그거 나를 아주 많이 흥미롭게 하는군요." 공작이 말했다.

"하지만 이번에는 뤼팽의 방식이 분명히 보입니다." 게르샤르 경감이 말했다. "더 이상의 속임수도, 더 이상의 비밀 통로도 안 통합니다. 우리는 밝은 대낮에 싸우고 있습니다."

그들은 오랫동안 서로의 눈을 빤히 들여다보았다.

"그런데 뤼팽은 절반 정도는 나쁘지 않은 일을 저질러 왔습니다." 공작이 자기 특유의 매력적인 미소를 지으며 말했다.

"오, 그가 그랬나요?" 게르샤르 경감이 말했다.

"네, 사람은 공정해야 합니다." 공작이 온화하지만 짜증내는 목소리로 말했다. p.203 "간밤의 도둑질은 아주 솜씨가 좋았습니다. 그리고 뤼팽이 게르샤르 경감님인 척한 적도 있지요. 그것을 기억하십니까?"

"아니요." 게르샤르 경감이 으르렁거렸다. "하지만 최근에는 그보다는 더 나았지요."

"뭐라고요?" 공작이 말했다.

"뤼팽이 샤르메라스 공작이라고 모두에게 확신시킨 때는 어떤가요?" 게르샤르 경감이 말했다.

"뭐라고요!" 공작이 소리쳤다. "뤼팽이 그랬나요?"

"만약 공작님이 그 여자와 실제로 결혼했다면 재미있었을 것입니다." 게르샤르 경감이 차분하게 말했다.

"그럴 수도 있었겠죠." 공작이 말하고 손을 내밀었다. "하지만 뤼팽이 어떻게 결혼할 수 있겠어요?"

"큰 재산이 있으면 할 수도 있죠." 게르샤르 경감이 말했다.

p.204 "아마도 뤼팽은 다른 누군가와 사랑에 빠져 있음이 분명합니다." 공작이 말했다.

"도둑이겠죠, 아마도…… 이런 몰락이 어디 있겠어요!" 게르샤르 경감이 놀리는 목소리로 말했다. "당신은 그 아가씨와 결혼하고 백만장자의 재산을 가질 수도 있었는데! 그 대신 당신은 다시 그에게서 물건을 훔치고 당신이 진정으로 사랑하는 여자를 쫓기로 작정했죠. 하지만 당신은 실패했고, 감옥에서 밤을 보내게 될 것이오!"

"말씀 다 하셨어요?" 공작이 차분하게 말했다. "경감님은 겁먹었군요."

"겁을 먹었다고!" 게르샤르 경감이 소리쳤다.

"네, 경감님은 겁먹었어요." 공작이 말했다. "난 샤르메라스 공작입니다."

"거짓말!" 게르샤르 경감이 말했다. "당신은 4년 전에 상트 감옥을 탈

옥했지. 당신이 뤼팽이야! 이제 당신을 알아보겠어."

"나는 샤르메라스 공작입니다." 공작이 말했다.

게르샤르 경감은 요란하게 웃었다.

"웃지 마시오." 공작이 말했다. "당신이 나를 체포할 수 있겠소? p.205 당신은 뤼팽을 체포할 수 있소. 하지만 공작을 체포할 수는 없지요."

"악당 녀석!" 게르샤르 경감이 노하여 펄펄 뛰며 말했다.

"자, 해 보시오." 공작은 놀렸다. "모두 당신을 비웃을 것이오. 당신은 내가 뤼팽이라는 것을 증명할 수 없어요."

"오, 누군가 네 놈 말을 들을 수 있다면!" 게르샤르 경감이 소리쳤다.

"포르메리 형사부장은 당신이 뤼팽 사건만 나오면 이성을 잃는다고 말했는데 사실이군요." 공작이 말했다.

"그래도 보관은 오늘 밤에는 안전해!" 게르샤르 경감이 소리쳤다.

"잠깐." 공작이 천천히 말했다. "저 문 뒤에 무엇이 있는지 아시오?"

"무엇 말이오?" 게르샤르 경감이 소리치고 달려들어 문 쪽을 바라보기 위해 몸을 돌렸다. 그곳에는 아무것도 없었다.

p.206 "저 시곗바늘이 자정으로 점점 더 다가갈수록 당신은 점점 더 겁에 질릴 것이오." 공작이 소리쳤다. "주목하시오!"

게르샤르 경감이 벌떡 일어났다.

"오, 자정에 무슨 일이 일어날지 두려워하고 있군요." 공작이 말했다. "무언가 끔찍한 일이 자정에 일어날 것이 틀림없소."

공작은 미소를 짓고 있지 않았다. 그의 목소리와 눈은 무시무시하고 힘이 실려 있었다.

"내 부하들이 밖에 있다. 총을 가지고서……" 게르샤르 경감이 말했다.

"뤼팽이 경감님을 패배시키는 것은 바로 늘 경감님이 승리할 것이라고 생각하는 순간이라는 것을 명심하시오." 공작이 말했다.

"당신이 뤼팽이라고 말하시지." 게르샤르 경감이 투덜거렸다.

"내 생각에는 경감님이 그것을 확신하는 것 같군요." 공작이 말했다.

"무엇이 나를 막는지는 모른다, 애송이." 게르샤르 경감이 수갑을 들며 말했다.

p.207 "나를 '애송이'라고 부르지 마시오." 공작이 말했다. "내가 뤼팽이라면, 나를 체포하시오."

"지금으로부터 3분이면 네놈을 체포할 거야." 게르샤르 경감이 말했다.

"지금부터 3분 안에 보관은 도난당할 것이며, 경감님은 나를 체포하지 못할 것입니다." 공작이 말했다. 그들은 잠시 서로를 빤히 쳐다보았다.

"이제 2분밖에 안 남았군." 공작이 갑자기 말하고 주머니에서 권총을 뽑았다.

"아니, 그러면 안 돼!" 게르샤르 경감이 자신의 권총을 꺼내며 말했다.

"무슨 일입니까?" 공작이 놀란 태도로 말했다. "경감님은 내가 뤼팽을 쏘는 것을 원하지 않는 겁니까? 이제 1분밖에 안 남았소."

"조금이라도 움직이면 너를 쏘겠다." 게르샤르 경감이 떨고 있는 목소리로 말했다.

p.208 "나는 나를 샤르메라스 공작이라고 부릅니다." 공작이 말했다. "경감님은 내일 체포될 것이오."

"상관없어!" 게르샤르 경감이 말했다.

"50초 후에 보관은 도난당할 것이오." 공작이 말했다.

"아니야!" 게르샤르 경감이 분노하며 소리쳤다.

그들의 눈은 시계 쪽으로 돌아갔다. 그때 첫 번째 공이 쳤고 두 사람의 눈이 마주쳤다. 마지막 종 치는 소리에 두 사람의 손이 총알처럼 튀어나왔다. 게르샤르 경감의 손은 보관을 담은 상자 위에 세게 떨어졌다. 공작의 손은 자신의 모자 위에 떨어졌고 그것을 집어 올렸다.

"내가 가졌다." 게르샤르 경감이 소리쳤다. "이번에도 내가 우롱당한 것인가? 뤼팽이 보관을 가졌나?"

"하지만 꽤 확신하시는군요?" 공작이 말했다.

"확신하냐고?" 게르샤르 경감이 소리쳤다.

"이것은 복제품일 뿐이오." 공작이 온화한 미소를 지으며 말했다.

p.209 "보나방!" 게르샤르 경감이 소리쳤다. "디외시!

문이 활짝 열리고 대여섯 명의 형사들이 달려 들어왔다.

게르샤르 경감은 의자에 주저앉았다. 게르샤르 경감은 방금 일어난 일에 대한 스트레스를 견딜 수 없었다.

"여러분, 보관은 도난당했습니다." 공작이 애석해 하며 말했다. 공작은 조용하게 방에서 나갔다.

"그는 어디에 있지?" 게르샤르 경감이 물었다.

"누가 어디에 있어요?" 보나방 형사가 말했다.

"공작 말이야!" 게르샤르 경감이 소리쳤다.

"공작은 떠났어요." 보나방 형사가 말했다.

"그가 집에서 못 나가게 막아!" 게르샤르 경감이 소리쳤다. "집에서 나가기 전에 공작을 붙잡아!"

# 뤼팽, 집으로 오다

**p.210** 샤르메라스 공작 저택의 창가에는 샤롤레 씨가 서 있었다. 샤롤레 씨는 이제 달라 보였다. 샤롤레 씨의 머리카락은 금발이었고 검은색이 아니었다. 샤롤레 씨의 코는 가늘었고 그의 얼굴은 창백했다. 샤롤레 씨는 샤르메라스 가의 제복을 입고 있었다. 그의 눈만이 변하지 않았다.

**p.211** 빅투아르 부인은 방 한가운데를 서성거리고 있었다. 그들은 둘 다 걱정하고 있었다. 문가에는 버나드 샤롤레가 소심하고 겁먹은 표정으로 서 있었다.

"7시예요!" 빅투아르 부인이 말했다. "오, 그분은 어디에 계실까요?"

"놈들이 그분을 뒤쫓고 있는 것이 분명해요." 샤롤레 씨가 말했다. "그분이 집에 오실 리는 없어요."

"파시 저택에 있는 쥐스땅에게 전화해 볼까요?" 빅투아르 부인이 말했다.

"왜요?" 샤롤레 씨가 초조하게 말했다. "쥐스땅은 우리보다 더 몰라요. 어떻게 그 사람이 더 많이 알 수 있겠어요?"

"우리가 할 수 있는 최선의 일은 빠져나가는 것이에요." 버나드가 떨리는 목소리로 말했다.

"아니, 그분은 오실 거야." 빅투아르 부인이 말했다. "나는 희망을 포기한 적이 없어."

"경찰이 온다고 생각해 봐요!" 샤롤레 씨가 소리쳤다. "우리는 어떻게 해야 하죠?"

"음, 저는 당신보다 더 상황이 안 좋아요." 빅투아르 부인이 말했다. "만약 경찰이 오면, 저를 체포할 거예요."

**p.212** "아마도 놈들이 그분을 체포했을지도 몰라요." 버나드가 떨리는 목소리로 말했다.

"그렇게 말하지 마." 빅투아르 부인이 말했다.

"경찰관 한 명과 형사 한 명이 달려오고 있어요." 샤롤레 씨가 창문을 내다본 후 말했다.

"그들이 이쪽으로 오고 있나요?" 빅투아르 부인이 물었다.

"아니요." 샤롤레 씨가 말했다.

"다행이에요!" 빅투아르 부인이 말했다.

"놈들이 집을 지켜보고 있는 두 남자에게 달려가고 있어요." 샤롤레 씨가 말했다. "놈들이 그들에게 뭐라고 말하는군요. 놈들이 모두 거리로 달려 내려오고 있어요."

"그들이 이쪽으로 오고 있나요?" 빅투아르 부인이 조그맣게 물었다.

"그렇소!" 샤롤레 씨가 소리쳤다.

현관문 초인종이 울리기 시작했고 집의 뒷문이 활짝 열렸다. 공작이 안으로 들어왔다. 공작은 창백했고, 거의 실신하기 직전이었다. p.213 공작의 입술은 잿빛이었다. 공작은 헉헉 숨을 힘겹게 쉬고 있었고 진흙투성이였다.

"주인님이시군요!" 버나드가 소리쳤다.

"다치셨어요?" 빅투아르 부인이 물었다.

"아니." 아르센 뤼팽이 말했다. "샤롤레, 가서 문을 열게, 너무 빨리 열지는 말고. 버나드, 책장을 닫아. 빅투아르, 숨어!"

뤼팽은 자기 침실로 들어갔고, 문을 쾅 닫았다. 빅투아르 부인과 샤롤레 씨는 서둘러 방을 나갔다. 빅투아르 부인은 위층으로 달려갔다. 샤롤레 씨는 천천히 내려왔다. 버나드는 책장을 닫고 비밀 방들을 숨겼다. 그런 다음 버나드는 방에서 달려 나갔다.

샤롤레 씨는 문으로 가서 자물쇠를 여는 데 3분이 걸렸다. 마침내 샤롤레 씨는 문을 열고 밖을 내다보았다. 문이 활짝 열리고 보나방 형사와 디외시 형사가 샤롤레 씨를 밀쳐내고 들어와 계단을 올라갔다.

p.214 샤롤레 씨는 계단으로 서둘러 올라가 거실로 들어가려는 형사들을 잡았다.

"여기 들어오시면 안 됩니다!" 샤롤레 씨가 말했다. "공작께서는 아직 안 일어나셨어요."

"당신의 소중한 공작님은 밤새 달리기를 하셨소." 디외시가 소리쳤다.

침실 문이 열렸고, 뤼팽이 파자마 차림으로 서 있었다.

"이게 다 무슨 일인가?" 뤼팽이 화를 내며 말했다. "이 모든 소란을 피운 것이 자네들인가? 자네들 둘은 내가 알지. 자네들은 게르샤르 경감을 위해 일하잖나."

"네, 공작님." 보나방 형사가 대답했다.

"그런데 여기서 무엇을 하고 있는 것인가?" 뤼팽이 물었다.

"오, 아무것도 안 합니다, 공작님." 보나방 형사가 대답했다.

"두 사람은 가 보시오." 뤼팽은 샤롤레 씨에게 몸을 돌렸다. "이분들을 배웅해 드리게."

샤롤레 씨는 문을 열었고, 두 형사는 방을 나갔다.

p.215 "게르샤르 경감이 이 일로 파면될지도 몰라!" 디외시 형사가 말했다.

"내가 그랬잖아." 보나방 형사가 말했다. "공작은 공작이라고."

문이 두 형사들 뒤에서 닫히자 뤼팽은 소파에 쓰러져 눈을 감았다. 빅투아르 부인이 안으로 들어왔다.

"오, 도련님!" 빅투아르 부인은 어린아이를 대하는 어머니처럼 소리쳤다. 뤼팽은 눈을 뜨지 않았다. 샤롤레 씨가 들어왔다.

"아침 식사를 좀 가져와요!" 빅투아르 부인이 소리쳤다. "절대 변하지는 않으실 거예요?"

"오, 빅투아르, 내가 얼마나 겁이 났는지 몰라!" 뤼팽이 말했다.

"도련님이요? 도련님이 겁이 났다고요?" 빅투아르 부인이 깜짝 놀라서 소리쳤다.

"그래." 뤼팽이 말했다. "하지만 다른 사람들에게는 말하지 마. 나는 그 뚱뚱한 늙은 바보 구르네 마르탱 영감의 눈앞에서 보관을 바꿔치기했어. 당신과 소냐가 일단 안전해지자마자 내가 할 일은 도망치는 일뿐이었지. p.216 내가 진짜 그랬냐고? 천만에! 나는 게르샤르 경감과 장난을 치느라고 그곳에 남았지……. 그런 다음…… 샤르메라스 공작으로 조용히 물러나는 대신 나는 달리기 시작했어."

"게르샤르 경감이 도련님을 알아보았나요?" 빅투아르 부인이 걱정스럽게 물었다.

"그래." 뤼팽이 말했다. "형사들 중 열다섯 명이 나를 추격했어."

"왜 숨지 않았지요?" 빅투아르 부인이 말했다.

"한참 동안 놈들이 지나치게 바짝 쫓아왔거든." 뤼팽이 말했다. "나는 파리 외곽으로 달아나야 했어. 오, 나는 정말 졸렸어! 하지만 잠이 들게 내버려두지는 않았지. 나는 여기로 돌아와야 했으니까."

"어떻게 여기 오셨는지 말씀해 보세요." 빅투아르 부인이 말했다.

"나는 한 시간 정도 푹 쉬었어." 뤼팽이 말했다. "그런 다음 걸어서 돌아오기 시작했지. 나는 디외시 형사를 만났어! 디외시 형사는 내 모습을 알아보았지. 디외시 형사는 이곳까지 내내 나를 추적했어."

# 전화선 절단

p.217 문이 열리고 샤롤레 씨가 아침 식사를 가지고 들어왔다.

뤼팽은 늑대처럼 먹었다. 샤롤레 씨는 방을 나왔다.

"내가 다음에 원하는 것은 목욕이야." 뤼팽이 말했다.

"이 모든 것이 좋지 않게 끝날 거라고 말씀드릴게요." 빅투아르 부인이 말했다. "도둑이 되는 것은 이 세상의 어떤 지위도 도련님께 주지 않아요."

p.218 "그 이야기는 하지 않는 것이 좋겠어." 뤼팽이 말했다. "빅투아르가 큰 문제를 만들었잖아."

"그러면 무엇을 기대하셨어요?" 빅투아르 부인이 신경질적으로 말했다. "저는 정직한 여자예요!"

"사실이지." 뤼팽이 말했다. "빅투아르는 왜 나와 함께 있는 거야?"

"저도 제 자신에게 항상 묻는 게 그거예요." 빅투아르 부인이 커피를 따르면서 말했다. "저도 몰라요. 제 생각에는 제가 도련님을 좋아하기 때문인 것 같아요."

"그래, 나도 빅투아르가 아주 좋아, 내가 좋아하는 빅투아르." 뤼팽이 말했다.

"오, 가엾은 주인마님!" 빅투아르 부인이 말했다. "그분이 뭐라고 말씀하셨을까요?"

"우리 어머님이 놀라셨을 거라고 확신할 수는 없어." 뤼팽이 말했다. "나는 언제나 어머니께 사회가 어머니께 대우한 만큼 내가 사회를 벌주고 있다고 말씀드렸거든."

"도련님은 언제나 못된 아이였어요." 빅투아르 부인이 말했다. "도련님은 이미 일곱 살 때 도둑질을 하고 계셨어요. p.219 물론 도련님은 부자들만 털고, 가난한 사람들에게는 언제나 친절했지요. 네, 그에 관해서는 의심의 여지가 없어요. 도련님은 따뜻한 마음씨를 가지고 계세요. 왜 도련님이 도둑이신 거예요?"

"나는 모든 것을 다 해 봤어." 뤼팽이 말했다. "나는 의학과 법학 학위를 받았어. 나는 배우였고 유도 교수였어. 나는 게르샤르처럼 형사 집단의 일원이었던 적도 있어. 나는 공작으로 지냈어. 하지만 도둑이 되는 것이 가장 재미있어."

"재미있다고요!" 빅투아르 부인이 소리쳤다.

"내가 말해 줄게, 빅투아르." 뤼팽이 말했다. "예술가나 위대한 군인이 될 수 없을 때 될 수 있는 유일한 것은 위대한 도둑뿐이야!"

"오, 조용히 하세요!" 빅투아르 부인이 소리쳤다. p.220 "그렇게 말씀하시지 마세요. 도련님 나이에 도련님은 오직 한 가지 생각을 머릿속에 가지고 계셔야 해요. 도련님은 결혼하셔야 해요."

"그래, 아마도 결혼이 나를 변화시킬지도 몰라." 뤼팽이 말했다. "나는 결혼에 관해 생각해 오고 있어, 진지하게."

"진정한 사랑인가요, 도련님?" 빅투아르 부인이 물었다. "그 여자는 어떻게 생겼어요?"

"그녀는 아주 아름답고 섬세해." 뤼팽이 부드럽게 말했다. "동화 속의 공주처럼 말이야."

"그녀는 무슨 일을 하나요?" 빅투아르 부인이 물었다.

"그녀는 도둑이야." 뤼팽이 말했다.

"맙소사!" 빅투아르 부인이 소리쳤다.

"그러나 그 여자는 매력적인 도둑이야." 뤼팽이 말했다. "내가 결혼하려는 여자는 소냐 크리슈노프야."

"소냐요?" 빅투아르 부인이 말했다. "그 귀여운 아이 말이로군요! 하지만 소냐는 제 마음에도 이미 들었어요!"

그때 전화벨이 울렸다. 공작이 전화기를 집어 들었다.

p.221 "여보세요?" 뤼팽이 말했다. "오, 당신이군, 제르맹······. 리츠 호텔에서 나를 기다리고 있소? 알았소. 30분 후에 만납시다." 뤼팽은 전화기를 내려놓았다.

"제르맹이 모든 것을 다 알면 어떡하죠?" 빅투아르 부인이 물었다. "그거 함정이에요?"

"그래, 포르메리 형사부장이 아마도 구르네 마르탱과 함께 리츠 호텔에 있을 거야." 뤼팽이 말했다. "만약 놈들이 나를 체포하기를 원한다면, 만약 놈들이 증거를 가지고 있다면, 게르샤르 경감이 이미 이곳에 왔을 테지!"

"그렇다면 왜 놈들이 간밤에 도련님을 뒤쫓았지요?" 샤롤레 씨가 물었다.

"내가 보관을 가지고 있거든." 뤼팽이 말했다. "내가 모든 증거를 가지고 있거든!" 뤼팽이 벽 속에 있는 작은 금고를 가리켰다. "그 금고 안에는 보관과, 무엇보다도 샤르메라스 공작의 사망 증명서가 들어 있네. 내 생각에는 내가 도망쳐야 할 경우에 대비해서 그것들을 가지고 가야겠어."

"공작은 도련님과 똑같이 생겼어요." 빅투아르 부인이 말했다. "누구든 두 사람이 쌍둥이 형제라고 말하겠어요."

"나는 처음 이 초상화를 보았을 때 충격을 받았어." 뤼팽이 말했다. "나는 우리가 샤르메라스 저택을 털 때 그 초상화를 처음 봤지."

"그런 다음 주인님은 얼음과 눈의 나라로 떠나 공작을 찾았고 그분의 친구가 되셨지요." 샤롤레 씨가 말했다. "그런 다음 공작은 죽었고요. 제 생각에는 우리가 할 수 있는 최선의 일은 가방을 꾸리는 일이에요. 그리고 저는 또한 우리에게 많은 시간이 있다고 생각하지는 않아요. 이 게임은 다 끝나가고 있어요."

현관 벨이 울리는 소리가 났다.

"누구인지 가서 보는 게 좋겠군." 뤼팽이 말했다.

"버나드가 문에 나가 있습니다." 샤롤레 씨가 말했다. "그러나 제가 버나드를 지켜보는 게 좋겠지요."

계단 위에서 샤롤레 씨는 보나방 형사가 리츠 호텔에서 온 리무진 운전수로 위장하고 있는 것을 발견했다.

"왜 하인들 출입구로 들어오지 않았소?" 샤롤레 씨가 물었다.

"그런 문이 있는 줄 몰랐습니다." 보나방 형사가 쭈뼛거리며 말했다. "샤르메라스 공작님께 드릴 편지를 가지고 왔습니다."

"그 편지를 나에게 주게." 샤롤레 씨가 말했다. "내가 공작님께 전해 드리겠네."

"아니요." 보나방 형사가 말했다. "제가 직접 공작님께 드리면 됩니다."

"공작님께서 옷을 다 입으실 때까지 기다려야 할 거네." 샤롤레 씨가 말했다.

그들은 계단으로 올라갔다.

보나방 형사는 앉았고, 샤롤레 씨는 그를 의심스럽게 쳐다보았다. 문을 두드리는 소리가 났다. 샤롤레 씨는 문을 열기 위해 계단을 달려 내려갔다.

순식간에 보나방 형사가 일어났다. 보나방 형사는 거실 문을 열고 안을 들여다보았다. 거실은 비어 있었다. 보나방 형사는 안으로 들어가 전화선을 잘랐다. 보나방 형사는 탁자 위에 있는 수첩을 보았다. 보나방 형사는 그 수첩을 집어 호주머니에 넣었다. 뤼팽은 침실에서 나왔고 보나방 형사를 보았다.

"원하는 게 무엇인가?" 뤼팽이 신경질적으로 물었다.

"샤르메라스 공작님께 편지를 가져왔습니다." 보나방 형사가 변조한 목소리로 말했다.

"편지를 내게 주게." 뤼팽이 손을 내밀며 말했다. "가지 말게. 기다리면 답장을 주겠네."

뤼팽이 편지를 펼쳤다. 거기에는 이렇게 적혀 있었다.

선생님,

게르샤르 경감이 제게 모든 것을 말씀해 주셨습니다. 저는 공작께서 3년 전에 돌아가셨다는 것을 압니다. 또한 소냐에 대해서도 알고요. 우리는 결혼하지 않을 것입니다. 대신에 저는 공작의 사촌과 결혼할 것입니다.

구르네 마르탱

p.225 "샤롤레, 앉아서 내 대신 편지를 쓰게." 뤼팽이 말했다.
샤롤레 씨는 책상으로 갔다. 뤼팽이 다음과 같이 쓰라고 말했다.

구르네 마르탱 양

당신께 결혼 선물을 보내겠습니다. 그것은 오늘 오후에 도착할 것입니다.

아르센

"이 편지를 구르네 마르탱 양에게 전하게." 뤼팽이 보나방 형사에게 편지를 건네며 말했다.

보나방 형사는 편지를 가져가고 돌아섰다. 그때 뤼팽이 갑자기 보나방 형사에게 달려들었다. 뤼팽은 보나방 형사의 목에 팔을 감았다.

"이자의 겉옷에서 내 수첩을 꺼내게." 뤼팽이 샤롤레 씨에게 말했다.

샤롤레 씨는 수첩을 꺼냈다. 뤼팽은 보나방 형사를 방 저편으로 던졌다. p.226 그런 다음 샤롤레 씨에게서 수첩을 받았다.

"게르샤르 경감이 10분 후에 여기로 오겠군." 뤼팽이 말했다.

# 거래

p.227 샤롤레 씨는 보나방 형사를 집 밖으로 쫓아냈다.

"자네들 게르샤르 경감이 이곳에 도착하기 전에 모두 비밀 문을 통해 떠나야 해." 뤼팽이 사람들에게 말했다.

p.228 샤롤레 씨와 버나드는 빠져나갔다. 빅투아르 부인은 뤼팽을 기다리기로 결정했다. 뤼팽은 전화기로 다가가 다이얼을 돌렸다. 뤼팽은 소냐에게 전화를 하고 싶어 했다. 그러나 전화는 작동하지 않았다. 뤼팽은 전화기를 들고 그것을 흔들었다. 뤼팽은 전화선이 절단된 것을 알고 몹시 화를 내며 소리쳤다.

"소냐에게 전화를 걸 수 없다고 해도 가셔야 해요!" 빅투아르 부인이 말했다.

"하지만 상황이 이해가 안 되는 거야?" 뤼팽이 소리쳤다. "내가 전화하지 않으면 소냐가 여기로 올 거야!"

"하지만 도련님은 어쩌고요?" 빅투아르 부인이 말했다.

"놈들은 나를 산 채로 잡아가지 못할 거야." 뤼팽이 말했다.

"오, 조용히 하세요!" 빅투아르 부인이 말했다. "도련님은 가셔야 해요. 놈들은 소냐에게 아무 짓도 못할 거예요. 소냐는 아직 어린아이니까요. 안 가시겠다면 저도 안 가겠어요."

뤼팽은 빅투아르 부인에게 가라고 사정했다. 빅투아르 부인은 움직이려고 하지 않았다. 현관문 초인종이 울렸다.

p.229 "그녀예요." 빅투아르 부인이 말했다.

"아니야." 뤼팽이 말했다. "게르샤르 경감이야. 게임은 아직 진 것이 아니야. 자, 내 말 잘 들어. 내려가서 게르샤르 경감에게 문을 열어 줘. 문을 연 후에는 몰래 빠져나가서 집을 지켜봐. 집에서 너무 멀리 가지는 마. 소냐를 살펴봐 줘. 소냐가 집에 들어오지 못하게 해 줘, 빅투아르."

"하지만 게르샤르 경감이 저를 체포하면요?" 빅투아르 부인이 물었다.

"그러지는 않을 거야." 뤼팽이 말했다. "게르샤르 경감은 나를 잡는 데 혈안이 되어 있으니까. 소냐가 12분 후에 여기로 올 거야. 나는 나중에 갈게."

뤼팽은 말하면서 빅투아르 부인을 문 쪽으로 밀었다.

뤼팽은 몸을 돌려 거실로 들어가 문을 닫았다. 계단 위로 발자국 소리가 나고 문이 활짝 열리더니 게르샤르 경감이 방으로 들어왔다.

p.230 "안녕하시오, 뤼팽." 게르샤르 경감이 말했다.

"안녕하시오, 게르샤르 경감." 뤼팽이 말했다.

게르샤르 경감은 여전히 주저하면서 몇 발자국 방으로 들어왔다.

"실례지만 내 하인들이 도망쳤소." 뤼팽이 말했다. "자네 부하 형사들이 겁을 주어 쫓아버렸지."

"그 점에 대해서는 신경 쓰지 말게." 게르샤르 경감이 말했다. "내가 그들을 잡을 테니."

게르샤르 경감은 천천히 방 한가운데로 왔다. 게르샤르 경감은 뤼팽을 마주보며 천천히 앉았다.

"왜 나를 체포하지 않나?" 뤼팽이 평화롭게 물었다. "무엇을 기다리고 있는 것인가?"

"소냐 크리슈노프가 지금 어디에 있는지 아는가?" 게르샤르 경감이 말했다.

"소냐가 어디에 있는데?" 뤼팽이 물었다.

"스타 근처의 작은 호텔에 있지." 게르샤르 경감이 말했다. "호텔에는 전화가 있네. 그녀에게 전화하고 싶나?"

"내가 왜 그녀에게 전화해야 하지?" 뤼팽이 물었다. p.231 "원하는 것이 무엇인가?"

"아무것도 없네." 게르샤르 경감이 말했다. 그리고 얼굴에 보기 흉한 미소를 짓고 의자 등받이에 기대었다.

"그 어린아이가 당신과 무슨 상관이 있지?" 뤼팽이 말했다. "그 아가씨는 당신 사냥감이 될 만큼 크지 않잖아. 당신이 증오하는 것은 나잖아. 그러니까 그 아이는 내버려두겠나? 당신은 그 아가씨에게 손대면 안 돼."

"그야 당신에게 달렸지." 게르샤르 경감이 말했다.

"나에게?" 뤼팽이 말했다.

"그래." 게르샤르 경감이 말했다. "나는 자네가 나와 거래하기를 원해."

"그런가?" 뤼팽이 말했다.

"그래." 게르샤르 경감이 말했다.

"그렇다면 원하는 것이 무엇인가?" 뤼팽이 말했다. "말해 보게! 망설이지 말고."

"나는 자네에게 자유를 제안하네." 게르샤르 경감이 말했다.

p.232 "당신이 그럴 수 있어?" 뤼팽이 말했다. "어떻게?"

"소냐의 절도는 전부 다 자네 탓이야." 게르샤르 경감이 말했다.

"그래서 나에게서 무엇을 원하나?" 뤼팽이 물었다.

"전부 다." 게르샤르 경감이 말했다. "자네는 자네가 훔친 모든 것과 공작의 죽음에 대한 정보를 나에게 돌려줘야 해. 자네가 공작을 죽였지?"

"내가 자살이라도 한다면 당신은 그것에 대해 알게 될 거야, 나의 좋은 친구 게르샤르 경감." 뤼팽이 말했다.

"내가 빅투아르 부인까지도 보내 주지." 게르샤르 경감이 말했다.

"뭐라고?" 뤼팽이 소리쳤다. "빅투아르도 체포했나? 받아들일 수 없군."

"나는 그 아가씨를 감옥에 처넣을 거야." 게르샤르 경감이 말했다.

"오래 붙잡아 놓지는 못할 거야." 뤼팽이 조용히 말했다. "당신은 증거가 없어."

"우리가 제대로 심문을 시작하면 그렇게 어리석은 아가씨가 어떤 가능성을 갖게 될까?" 게르샤르 경감이 물었다. p.233 "내가 그녀를 무너뜨릴 수 있다는 것을 자네는 알고 있지. 그 아가씨는 적어도 5년은 감옥에 있게 될 거라고. 받아들일 텐가?"

"글쎄, 싫어!" 뤼팽이 말하고 웃었다. "당신은 크리슈노프 양은 상관하지 않아. 당신은 그 아가씨를 체포하지 않을 거야. 당신은 증거가 없다고. 당신은 펜던트조차 가지고 있지 않잖아."

현관 초인종이 울렸다. 디외시 형사가 문을 열었다.

"크리슈노프 양입니다." 디외시 형사가 말했다.

"그 아가씨를 체포해!" 게르샤르 경감이 소리쳤다.

"안 돼!" 뤼팽이 소리쳤다.

"그러면 받아들일 텐가?" 게르샤르 경감이 물었다.

뤼팽이 고개를 끄덕였다.

"크리슈노프 양을 기다리게 하게." 게르샤르 경감이 말했다. 디외시 형사가 방을 나갔다.

"일단 내가 당신에게 훔친 물건들을 주자마자 크리슈노프 양을 보내 줄 텐가?" 뤼팽이 물었다.

p.234 "그러지." 게르샤르 경감이 말했다.

"내가 나중에 도망치거나 그것들을 다시 훔친다고 하더라도 그녀를 풀어 줄 텐가?" 뤼팽이 물었다.

"그래." 게르샤르 경감이 말했다.

"우선 여기 이 수첩에서 당신은 샤르메라스 공작의 죽음에 관한 모든 서류들을 발견하게 될 거야. 당신은 또한 내가 모든 그림을 넣어둔 창고의 주소와 영수증도 발견하게 될 테고."

"그러면 보관은 어디에 있나?" 게르샤르 경감이 흥분한 목소리로 말했다.

"당신 발밑에 있는 그 가방 안에 있어." 뤼팽이 말했다.

게르샤르 경감이 가방을 움켜잡더니 그것을 열어 보관을 꺼냈다.

"네 무기를 나에게 줘." 게르샤르 경감이 재빨리 말했다.

그리고 뤼팽은 자기 권총을 탁자에 던졌다.

"그러면 이제 수갑을 찰 차례군!" 게르샤르 경감이 의기양양하게 말했다.

# 결투의 결말

p.235 "손을 내밀어!" 게르샤르 경감이 말했다.

"마지막으로 소냐를 보고 싶군." 뤼팽이 온화하게 말했다.

"좋아." 게르샤르 경감이 말했다.

뤼팽이 손목을 내밀었다. 게르샤르 경감은 그 손목에 수갑을 채웠다.

p.236 "디외시!" 게르샤르 경감이 소리쳤다. "크리슈노프 양은 마음대로 가도 돼. 그 아가씨에게 그렇게 말하고 여기로 데려와."

소냐가 미소를 지으며 열린 문으로 들어왔다.

"오, 고마워요!" 소냐가 뤼팽에게 손을 내밀며 말했다.

뤼팽은 수갑을 감추려고 몸을 반쯤 돌렸다. 소냐는 뤼팽이 자기에게 화가 났다고 생각했다.

"제가 이곳에 온 것이 잘못이었어요." 소냐가 말했다. "제가 실수했어요. 죄송해요! 갈게요."

"소냐." 뤼팽이 슬퍼하며 말했다.

"아니, 아니에요, 저는 이해해요." 소냐가 말했다. "당신 눈에 저는 언제나 도둑인 소냐 크리슈노프예요!"

"소냐!" 뤼팽이 소리쳤다.

"신경 쓰지 마세요." 소냐가 말했다. "저는 가겠지만, 마지막으로 악수라도 해 주시겠어요?"

p.237 "안 되오!" 뤼팽이 소리쳤다.

"안 하겠다고요?" 소냐가 말했다.

"그럴 수 없소!" 뤼팽이 말했다. "잠깐, 소냐! 내가 당신이 생각하는 사람이 아니라면 어쩌겠소?"

"뭐라고요?" 소냐가 말했다.

"만약 내가 도둑이라면…… 만약 내가……." 뤼팽이 말했다.

"아르센 뤼팽." 게르샤르 경감이 문에서 말했다.

"아르센 뤼팽이라고요!" 소냐가 소리쳤다. "하지만 그러면 감옥에 가시는 것은 바로 저를 위해서인가요? 저는 아주 행복해요!"

소냐는 뤼팽을 꼭 껴안고 입을 맞추었다.

"오, 이거 믿어지지 않는군!" 뤼팽이 소리쳤다. "나는 정직한 사람이 될 거요!"

"정말이요?" 소냐가 소리쳤다.

게르샤르 경감이 방으로 돌아왔다.

"시간이 다 됐소." 게르샤르 경감이 말했다.

"하지만 게르샤르 경감이 당신을 잡아가려고 하잖아요!" 소냐가 소리쳤다.

p.238 "이제 당신은 진정하고 가야 하오." 뤼팽이 낮은 목소리로 말했다. "나는 감옥에 가지 않을 것이오. 가능하면 홀에서 기다리시오. 가시오, 소냐, 잘 가요."

뤼팽은 소냐에게 입을 맞추었다. 소냐는 방을 떠났다.

"친애하는 게르샤르 경감, 내가 원하는 것은 휴식이야." 뤼팽이 말했다.

뤼팽은 재빨리 방을 가로질러 가서 소파에 누웠다.

"자, 일어나." 게르샤르 경감이 말했다. "죄수 호송차가 너를 기다리고 있어."

"아니." 뤼팽이 말했다. "시간이 너무 일러."

뤼팽은 손목을 움직이기 시작했다. 그런 다음 뤼팽은 한 손에서 수갑을 풀어 그것을 바닥에 던졌다.

"보나방!" 게르샤르 경감이 소리쳤다. "보나방! 디외시! 도와줘! 도와줘!"

"자, 듣게, 게르샤르 경감." 뤼팽이 말했다. "나는 소냐와 행복하게 살 거야. 아니면 게르샤르 경감, 당신과 함께 죽으려고 해. 이제 당신 부하들을 오라고 해. 나는 그들을 맞을 준비가 되어 있으니까."

p.239 게르샤르 경감은 문으로 달려가 다시 소리쳤다.

뤼팽은 탁자로 달려들어 마분지 상자를 열고 번쩍번쩍 빛나는 폭탄을 꺼냈다. 뤼팽은 벽으로 달려들어 버튼을 눌렀고, 책장은 비밀 문 쪽으로 열렸다. 바로 그때 형사들이 방으로 뛰어들었다.

"저놈을 잡아!" 게르샤르 경감이 고함쳤다.

"물러서…… 손 들고!" 뤼팽이 소리쳤다. "이것은 폭탄이다! 와서 나를 잡아보시지!"

"그럴 거야." 게르샤르 경감이 소리쳤다. 그리고 게르샤르 경감은 한 발 앞으로 나갔다.

다른 형사들은 게르샤르 경감을 붙잡고 그를 제지시켰다. 그들은 죽고 싶지 않았다!

"그럼 이제 게르샤르, 이 도둑놈아, 내 수첩을 나한테 돌려줘." 뤼팽이 말했다.

"절대로 못 해!" 게르샤르 경감이 발버둥 치며 소리쳤다.

p.240 "그가 가게 두세요, 경감님!" 디외시 형사가 소리쳤다.

"수첩이 경감의 호주머니 안에 있다!" 뤼팽이 으르렁거렸다. "똑똑하게 굴어라!"

"수첩을 뤼팽에게 주셔야 해요. 경감님을 꽉 잡아!" 보나방 형사가 말했다. 보나방 형사는 손을 게르샤르 경감의 외투 안에 집어넣어 수첩을 꺼냈다.

"탁자에 수첩을 던져라!" 뤼팽이 소리쳤다.

보나방 형사는 수첩을 탁자 위에 던졌다. 뤼팽은 왼손에 수첩을 잡고 그것을 자기 호주머니에 넣었다.

"좋아!" 뤼팽이 말했다. "폭탄을 조심해라!" 뤼팽은 폭탄을 던지는 척했다. 전체 무리가 펄쩍 뛰어 뒤로 물러났다.

뤼팽은 비밀의 문으로 뛰어들어 승강기 안으로 들어갔다. 승강기는 밑으로 내려갔다.

"저자를 뒤쫓아!" 게르샤르 경감이 소리쳤다. "지하실로 내려가! 몇 명은 비밀 입구로 가! 다른 사람들은 하인들의 출입구로 가고! 거리로 나가 봐! 디외시, 나와 함께 승강기를 타라!"

p.241 다른 사람들은 방을 달려 나가 계단을 내려갔다. 게르샤르 경감과 디외시는 승강기로 가서 문을 활짝 밀어 열려고 애썼다. 갑자기 승강기

문이 열렸다. 그것은 비어 있었다. 그들은 승강기 안으로 뛰어들었다. 게르샤르 경감은 버튼을 눌렀다. 승강기는 8피트를 쑥 올라갔다.

두 번째 승강기는 거실에서 멈췄고, 뤼팽이 있었다. 뤼팽은 게르샤르 경감의 옷을 입고 있었다. 뤼팽은 거울로 가서 얼굴에 분장을 했다. 뤼팽은 수첩과 폭탄을 집어 들었다. 뤼팽은 밖으로 나가서 빅투아르 부인과 소냐가 함께 이야기하고 있는 것을 보았다.

"이봐! 경관!" 뤼팽이 게르샤르 목소리로 소리쳤다. "이리 와 봐!"

경찰관이 쳐다보고 계단으로 올라갔다.

p.242 "여기! 여기 서 있어!" 뤼팽이 소리쳤다. "이 문들이 보이나?"

"네." 경찰관이 말했다.

"그것들은 승강기 문이다." 뤼팽이 말했다. "이 승강기 안에 디외시 형사와 뤼팽이 있다. 그들이 싸우고 있지만, 뤼팽은 누군가로 변장하고 있는 상태야. 승강기 문이 열리자마자 그들에게 달려들어 도움을 청해라."

"네." 경찰관이 말했다.

뤼팽은 조용히 계단을 내려갔다. 빅투아르 부인과 소냐는 뤼팽이 오고 있는 것을 보았다.

"오, 게르샤르 경감님, 그분은 어디에 있죠?" 소냐가 말했다.

"여기 있지." 뤼팽이 자신의 원래 목소리로 말했다.

소냐가 뤼팽을 껴안았다.

"도련님이 놀랍지 않니?" 빅투아르 부인이 말했다.

"이번에 샤르메라스 공작은 영원히 죽은 거야." 뤼팽이 말했다.

"아니에요, 죽은 것은 뤼팽이에요." 소냐가 부드럽게 말했다.

p.243 "뤼팽이라고?" 뤼팽이 놀라서 말했다.

"네." 소냐가 말했다.

"엄청난 손실이 되겠군." 뤼팽이 말했다.

"걱정 마세요." 소냐가 말했다.

"오, 내가 당신을 사랑하는 것이 분명해!" 뤼팽이 말했다.

"그럼 당신은 더 이상 도둑질은 안 하실 거예요?" 소냐가 말했다.

"안 해." 뤼팽이 말했다.

"그런데 우리는 시간을 낭비하고 있어요!" 소냐가 말했다. "갑시다!"

뤼팽은 현관문을 열고 계단을 내려가 게르샤르 경감의 경찰차 안에 올라탔다.

승강기 문이 마침내 열렸다. 젊은 경찰관은 게르샤르 경감을 보고 변장한 뤼팽이라고 생각했다. 경찰관은 게르샤르 경감에게 달려들었다. 그들이 몸부림치고 싸울 때, 게르샤르 경감은 자기 경찰차가 떠나는 소리를 들었다.

p.244 "내가 널 잡을 거야, 뤼팽!" 게르샤르 경감이 소리쳤다.